Klaus Farin

Karl May - Ein Popstar aus Sachsen

ISBN 0-910079-50-4

taschenführer populäre kultur

1

Klaus Farin

Karl May

Ein Popstar aus Sachsen

Für Fabsi und andere Banausen

Verlag Thomas Tilsner

Originalausgabe
Verlag Thomas Tilsner

Lektorat: Ute Perchtold
Art Director: Oliver Scholl
Graphic Designer: Philip Evans
Umschlagbild & Fotos: Bildarchiv Dr. Hainer Plaul
Foto S. 64: dpa
Printed in Germany

Die Deutsche Bibliothek - CIP-Einheitsaufnahme

Farin, Klaus:
Karl May : Ein Popstar aus Sachsen
/ Klaus Farin.-Orig.-Ausg.-
München : Tilsner, 1992
(taschenführer populäre kultur ; 1)
ISBN 3-910079-50-4
NE: GT

Karl-May-Originalzitate sind kursiv gesetzt.

Weitere Titel der Reihe *taschenführer populäre kultur*
sind in Vorbereitung. Ein Verlagsprogramm schickt Ihnen gerne
Verlag Thomas Tilsner, Karl-Theodor-Str.66, 8000 München 40

Inhalt

»Ein sehnsüchtiger Spießbürger, der selbst ein Junge war, durchstieß den Muff seiner Zeit. Er kolportierte nicht die romantischen Ideale des Bürgertums (feine Leute, Salonglanz), auch nicht die Rittergeschichten aus dem Biedermeier. Sondern er kolportierte nochmals den Indianerroman aus der Zeit Coopers, der revolutionären Ideale (als die Wilden noch bessere Menschen waren). Der Flitter des Jahrmarkts kam hinzu, der echte Budenorient, wie er zur Kolportage gehört, damit sich die Freizügigkeit nicht in kruder Natur erschöpfe, sondern färbt und in Traumschichten spiegelt. Fast alles ist nach außen gebrachter Traum der unterdrückten Kreatur, die großes Leben haben will.« *Ernst Bloch*

»Einer der glühendsten Karl-May-Verehrer war ein gewisser Taugenichts aus Braunau in Österreich. Adolf, faul und ziellos, fühlte sich völlig zu Hause in diesem fragwürdigen Labyrinth eines krankhaften und infantilen Hirns. Der erfolglose Anstreicher bewunderte in Old Shatterhand am meisten dessen Gemisch aus Brutalität und Heuchelei: er zitierte mühelos die Bibel, dieweil er sich lässig mit Morden beschäftigte; er verübte die größten Greueltaten mit reinem Gewissen, denn für ihn waren seine Feinde ganz selbstverständlich »rassisch minderwertig« und kaum als Menschen anzusehen. Seine Grausamkeit wurde als Heldentum gepriesen, sein Mangel an Moral als bewundernswerter Scharfsinn. Der sittenlose, ehrgeizige junge Bursche aus Braunau gewann die Überzeugung: Ja, so muß man sein. Es ist kaum übertrieben, zu behaupten, daß Karl Mays kindische und kriminelle Hirngespinste den Gang der Weltgeschichte beeinflußt haben. Das Dritte Reich ist Karl Mays letzter Triumph, die schaurige Verwirklichung seiner Träume.« *Klaus Mann*

Out war er eigentlich nie...

»Ein Musterschriftsteller, der Mustergeschichten für Musterleser schreibt, bin ich nicht und mag es auch niemals sein und niemals werden.« *Karl May*

Ein armer Webersohn, zu allem Unglück während seiner Kindheit auch noch erblindet, nach weiteren Schicksalsschlägen auf die kriminelle Bahn geraten und für mehr als sieben Jahre in verschiedenen Gefängnissen inhaftiert, beginnt eines Tages, sein gekränktes Ich in phantastischen Wunschträumen in einen omnipotenten Superman zu verwandeln, und wird damit zum meistgelesenen Schriftsteller deutscher Zunge - ein beinahe unglaubliches Schicksal, hinter dem die amerikanische Mär vom Tellerwäscher, der zum Millionär aufstieg, fade verblaßt. Und doch geschah es so, vor nunmehr einhundert Jahren, nicht in Amerika, sondern - in Sachsen.

Und die Geschichte fährt noch wahnwitziger fort. Die Leser rissen dem armen Webersohn, der das seltene Glück hatte, eine Schule besuchen zu dürfen, nicht nur jede neue Fortsetzung seiner »Reiseerzählungen« aus den Händen - sie begannen bald schon, ihn selbst, den kurzsichtigen, kränkelnden, kleinen Mann, für den »Weltläufer« zu halten, der 1.200 Sprachen beherrschen wollte und die Nationalität und den Gesundheitszustand eines Reiters an den Hufspuren seines Pferdes im Wüstensand identifizierte. *Ich bin wirklich Old Shatterhand resp. Kara Ben Nemsi und habe erlebt, was ich erzähle*, behauptet - und glaubt - der zum ersten deutschen Popstar Avancierte - bis er mit 58 Jahren wirklich außereuropäischen Boden betritt und im Orient mit den Originalschauplätzen seiner Heldentaten konfrontiert wird. Ein Schock, der einen völlig verwandelten Karl May nach Sachsen zurückbringt. Fortan zerstört er die eitle Legende und beginnt mit seinem »eigentlichen Werk«: pazifistisch engagierte symbolische Schlüsselromane. Seine Fans - und die dem restaurativen Zeitgeist der Jahrhundertwende verpflichtete Presse - lassen ihn fallen. Nach einer fast zehnjährigen juristischen und publizistischen Schlammschlacht stirbt Karl May entkräftet am 30. März 1912 in Radebeul.

Richtig out war er eigentlich nie. Kaum eine deutsche Wohnung, in der er nicht im Bücherregal steht. Insgesamt mehr als einhundert Millionen Exemplare. Und jedes Jahr kommt eine weitere Million hinzu. Im Gegensatz zu Goethe & Co. werden sie auch gelesen, verschlungen. Und diskutiert. In Kneipen, Schulen und Jugendclubs. Sogar in Universitäten, unter Germanisten und ehrwürdigen Professoren, die May, den »Schundschriftsteller«, noch vor zwanzig Jahren nicht mit der Kneifzange angefaßt hätten. Die Karl-May-Gesellschaft, Sammelbecken und kreativer Pool von Fans und Forschern, zählt mit knapp 2.000 Mitgliedern heute zu den größten literarischen Gesellschaften Europas. Intellektuelle bekennen offen ihre Sympathie für den Sachsen, Musiker nehmen »Winnetou« als Reisegefährten mit auf Tournee, bei Berliner Hausbesetzern hängt das Konterfei des edlen Roten gleich neben der DDR-Fahne. Und mehr als eine Million Menschen pilgern in jedem Sommer zu einer der vielen Freilichtbühnen, die inzwischen May-Bearbeitungen ins Programm nehmen - von Bad Segeberg bis Elspe, von Rathen bis Ratingen, von Thale bis Greifensteine.

Linken Kritikern war er schon immer suspekt. 100 Mil-

Zeittafel

1842	Am 25. Februar wird Karl Friedrich May im sächsischen Ernstthal als Webersohn geboren. Er erblindet.
1846	Karl May erhält dank fachlicher Behandlung durch zwei Dresdener Ärzte sein Augenlicht zurück.
1849	Karl May wird eingeschult.
1856	Beginn einer Ausbildung als Volksschullehrer.
1859	Rausschmiß aus dem Seminar wegen des »Diebstahls« von sechs Weihnachtskerzen.
1860	Fortsetzung des Studiums in Plauen.
1861	Karl May besteht die Abschlußprüfung und tritt eine Stelle als Hilfslehrer an einer Armenschule an. Am 2. Weihnachtstag wird er beschuldigt, seinem Zimmergenossen die Uhr gestohlen zu haben, und verhaftet.
1862	Verurteilung zu sechs Wochen Gefängnis.
1863	Das sächsische Bildungsministerium verhängt ein Berufsverbot über May. Er flippt aus und sinnt auf Rache.
1864	Diverse Diebstahldelikte und Hochstapeleien.
1865	Verhaftung und Verurteilung zu vier Jahren und einem Monat Arbeitshaus.
1869	Nach der Entlassung neue groteske Straftaten.
1870	Verhaftung und Verurteilung zu vier Jahren Zuchthaus.
1874	Vorzeitige Entlassung aufgrund guter Führung. Erste literarische Arbeiten.
1875	May wird Zeitschriftenredakteur bei Münchmeyer in Dresden und erwähnt zum ersten Mal in seiner Erzählung »Old Firehand« den Namen Winnetou.
1877	May verläßt Münchmeyer und wird freier Schriftsteller.
1879	May wird fester Mitarbeiter der katholischen Familienzeitschrift »Deutscher Hausschatz«, die zukünftig einen Großteil seiner Erzählungen erstveröffentlicht.
1880	May heiratet Emma Pollmer.
1881	Die ersten Folgen des Orientzyklus erscheinen.

1882	May läßt sich überreden, den Kolportageroman »Das Waldröschen« zu schreiben, dem vier weitere folgen.
1892	Der Freiburger Verleger Fehsenfeld startet mit den Orient-Erzählungen die berühmte Reihe »Gesammelte Reiseromane« mit dem klassischen grünen Einband. Karl May wird zum Bestseller-Autor.
1893	May schreibt - extra für die Buchausgabe - seinen populärsten Roman: »Winnetou I«.
1896	Karl und Emma May beziehen in Radebeul die »Villa Shatterhand«. May läßt sich die »Silberbüchse« und den »Bärentöter« anfertigen und seine Leser wissen, er habe alles Erzählte persönlich erlebt.
1897	Karl May auf Tournee in Deutschland und Österreich.
1899	Beginn einer fünfzehnmonatigen Orientreise, die Mays Identifikation mit seinen Helden zusammenbrechen läßt.
1900	Der Verleger Adalbert Fischer veröffentlicht trotz Mays Protest die Kolportageromane unter seinem richtigen Namen. Eine Prozeßlawine gerät ins Rollen.
1903	Karl läßt sich von Emma scheiden und heiratet die Fabrikantenwitwe Klara Plöhn.
1904	Der Journalist Rudolf Lebius startet seine Hetze gegen May, nachdem dieser ihm ein Darlehen verweigerte.
1908	May reist zum ersten Mal für drei Monate durch Nordamerika, verläßt die touristischen Pfade jedoch nicht.
1910	Lebius bezeichnet May als »geborenen Verbrecher« und wird von einem Berliner Gericht freigesprochen. In einer »Dokumentation« enthüllt er daraufhin Mays Vorstrafen und andere wüste Beschuldigungen. Die Presse fällt über den Kultautor her.
1911	May erkrankt schwer. Im November wird das Berliner Urteil aufgehoben und Lebius verurteilt.
1912	May hält vor 3.000 Zuhörern einen Vortrag in Wien, kehrt aber entkräftet und mit Fieber zurück. Er stirbt am 30. März in der »Villa Shatterhand«.

lionen verkaufte Bücher kann in Deutschland nur bedeuten: trivialer Schund. Reaktionär. »Exotenkitsch«, »Pfadfinderromantik«. Karl May lenkt vom Klassenkampf ab, hieß es im Arbeiter- und Bauernparadies. Nachdem die Nazis ihn als Pazifisten abstempelten, der ihren imperialistischen Gelüsten im Wege stand, ihn aber nicht zu verbieten wagten, mußte in der DDR das offiziell ausgebliebene Verbot dazu herhalten, ihn nun als »Nazi-Dichter« zu ächten. Verboten wurde er zwar wieder nicht, aber er wurde eben nicht gedruckt. Bis eines Weihnachtsabends Erich Honecker... aber das ist eine andere Geschichte.

Auch im Westen war Karl May jahrzehntelang kaum erhältlich. Denn die berühmten »grünen Bände« aus Bamberg und andere Lizenzausgaben haben mit Karl May wenig mehr gemein als die Idee und die Namen der Helden. Der Rest ist - bleiben wir höflich - »Bearbeitung«. Oder weniger freundlich: der größte Literaturskandal des 20. Jahrhunderts.

Als Kinder lebten »wir« (es ist wirklich nicht leicht, jemanden zu finden, der nicht dazugehörte) Karl May. Und das nicht nur, wenn wir mit halb gesenkten Lidern (damit das Aufblitzen der Pupille nicht zum Verräter wird) Gegner beobachteten. Karl May pflanzte ein erstes Mißtrauen gegen die weiße »Herrenrasse« in unsere Herzen. Zwanzig, dreißig Jahre später staunen wir über die Komplexität der May'schen Werke, die im Gewande des Trivialen erstaunliche Psychothriller verbergen. Die Beschäftigung mit Karl Mays widersprüchlich-bizarrer Persönlichkeit entpuppt sich für den erwachsenen Fan als ein kriminalistisches Abenteuer höchster Güte. Auch dies, so hoffe ich, vermag dieses kleine Büchlein zu vermitteln. Sollte es zum Impuls werden, weiterzulesen, hat es sein Ziel erreicht.

Klaus Farin

Prag im Mai 1992

Karl May - um 1905

I. Vorbeben

»Man soll den Menschen nicht nach dem beurteilen, was er ist, sondern darnach, wie er es geworden ist.« Karl May

Ernstthal im Jahre 1842: ein erzgebirgisches Weberstädtchen mit 2.630 Einwohnern, von denen sich drei Viertel als Heimweber ernähren. Mehr schlecht als recht. Die Einfuhr industriell produzierter Textilien aus England drückt schon seit der Jahrhundertwende kräftig auf die Preise. Und nun eröffnen auch noch Ernstthaler Unternehmer verstärkt Fabriken mit mechanischen Webstühlen. Die zu Hause Arbeitenden finden immer weniger Abnehmer zu immer mieseren Löhnen. Oft gibt es wochenlang keine Arbeit. Eine neue Hungersnot zeichnet sich ab, als am 25. Februar 1842, zwei Stunden vor Mitternacht, im Hause des 32jährigen Webers Heinrich August May und seiner 25jährigen Ehefrau Christiane Wilhelmine in der Niedergasse ein schwächlicher Knabe entbunden wird.

Den Mays geht es immer noch besser als den meisten ihrer Nachbarn. Zwar leben auch sie unter Bedingungen, die »bei schlechter Nahrung und schlechter Luft in niederen Stuben den Keim zur Schwindsucht legen«, wie der Kreisabgeordnete August Bebel den Alltag seiner Nachbarn beschrieb, und das verrottete Haus, in dem sie wohnen, ist nur ein schmales Handtuch von 4,25 Meter Breite und einer Raumhöhe, die Old Shatterhand zum ständigen Bückling zwingen würde; doch immerhin gehört es ihnen: die Mutter hat es überraschend geerbt. Dennoch reicht die Heimweberei nicht, um die sechsköpfige Familie zu ernähren. Die Mutter erledigt zusätzlich Näharbeiten, im Parterre steht eine Wäscherolle, die für zwei Pfennige pro Stunde an andere Leute vermietet wird. Eine der beiden im Haus wohnenden Großmütter kümmert sich um die Kinder, die andere geht putzen. *Es kam vor, daß sie sich mehr als 25 Pfennige pro Tag verdiente. Da wurde sie splendid und verteilte zwei Dreierbrötchen, die nur vier Pfennige kosteten, weil sie äußerst hart und altbacken, oft auch schimmlig waren, unter uns Kinder. Sie starb, wie man sagte, aus Altersschwäche. Die eigentliche Ursache ihres Todes war wohl das, was man gegenwärtig diskret als 'Unterernährung' zu bezeichnen pflegt.* Versuche des Vaters, dem Weberelend als Taubenzüchter und Händler für alles Mögliche zu entfliehen, schlagen fehl. Kurz nach Karls drittem Geburtstag muß sogar das Haus verkauft werden, und die Familie zieht zur Miete in eine Wohnung am Markt um.

Karl Friedrich ist das fünfte Kind im Hause May, neun weitere Geschwister folgen. Die meisten werden allerdings nicht einmal ihren ersten Geburtstag erleben.

Karl Friedrich überlebt. Doch er erblindet wenige Tage nach der Geburt. Ein Schicksal, das viele Kinder in Ernstthal dank permanenter Unterernährung und miserabler hygienischer Verhältnisse trifft. Eltern aus ärmeren Schichten haben es sich schon zur Gewohnheit gemacht, ihre Frischlinge gleich am Tag nach der Geburt bei Wind und Wetter zur Kirche zu tragen, da ungetaufte Tote nicht auf dem christlichen Friedhof begraben werden; nicht wenige Babys holen sich dabei eine tödliche Lungenentzündung oder Infektion mit unreinem Taufwasser.

Karl Friedrich überlebt. Aber die Welt um sich herum wird er erst fünf Jahre später sehen. Ein Alptraum, der möglicherweise durch eine intensive, liebevolle Beschäftigung mit dem Kind gemildert werden könnte. Doch dieses Glück hat Karl Friedrich nicht. Die sowieso überlastete Mutter muß neben ihrer Arbeit noch die vierjährige Schwester Auguste versorgen, ab Spätsommer 1843 ist sie auch schon wieder schwanger. Im August '45 beginnt sie mit dem Erlös aus dem Hausverkauf eine halbjährige Hebammenausbildung in Dresden, sodaß über Monate hinweg die Großmutter die Kinder betreut. In der Zeit brechen auch noch die Blattern aus. *Wir Kinder lagen alle krank. Bei einer der Schwestern hatte sich der blatternkranke Kopf in einen unförmigen Klumpen verwandelt. Stirn, Ohren, Augen, Nase, Mund und Kinn waren vollständig verschwunden. Der Arzt mußte durch Messerschnitte nach den Lippen suchen, um der Kranken wenigstens ein wenig Milch einflößen zu können.* Der kranke und blinde Karl fällt der Familie zur Last, zumal die Wahrscheinlichkeit, daß er nicht überlebt, ohnehin recht groß ist. So verhallen die ersten, lebensentscheidenden (heute weiß man das) Versuche des Kleinkindes, die Liebe seiner Umwelt zu gewinnen, im Nichts. *Ich habe in meiner Kindheit stundenlang still und regungslos gesessen und in die Dunkelheit meiner kranken Augen gestarrt*, erinnert er sich Jahrzehnte danach in seiner Selbstbiographie.

Karl flüchtet in die Phantasie. Seine märchenerzählende Großmutter wird zur ersten Fluchthelferin. Die »wahre Welt«, die er nicht sehen kann und die ihn, den hilf- und nutzlos in der Ecke hockenden Mitesser, nicht mag, verschwimmt hinter einer besseren, farbenprächtigeren, exotischen Anders-Welt. *Ich sah nichts. Ich konnte die Personen und Gegenstände wohl fühlen, hören, auch riechen; aber das genügte nicht. Wie ein Mensch, ein Hund, ein Tisch aussieht, das wußte ich nicht; ich konnte mir nur innerlich ein Bild davon machen, und dieses Bild war seelisch. Wenn jemand sprach, hörte ich nicht sein Äußeres, sondern sein Inneres trat mir näher. Es gab für mich nur Seele, nichts als Seele. Und so ist es geblieben, auch als ich sehen gelernt hatte, von Jugend an bis auf den heutigen Tag. Das ist der Schlüssel zu meinen Büchern.*

Während ihrer Hebammenausbildung berichtet die Mutter von der Erblindung ihres Sohnes. Zwei Professoren kümmern sich um ihn und heilen den Fünfjährigen innerhalb kürzester Zeit von seiner Augenkrankheit. Karl kann sehen. Zu spät. Das Trauma seiner Kindheit wird er nie wieder los. Die »Welt« ist für Karl May gestorben. Jetzt zählt nur noch eins: ICH. *Als ich sehen lernte, war mein Seelenleben schon derart entwickelt und in seinen späteren Grundzügen festgelegt, daß selbst die Welt des Lichtes, die sich nun vor meinen Augen öffnete, nicht die Macht besaß, den Schwerpunkt, der in meinem Innern lag, zu sich hinauszuziehen.*

Hungerjahre

Als der Fünfjährige zum ersten Mal die Realwelt erblickt, hat sich die Notlage der Weber von Ernstthal weiter verschärft. »Es sind neuerdings Fälle hier vorgekommen, daß Menschen, die sich zu betteln schämten, buchstäblich verhungert sind«, heißt es in einem Bittgesuch der Ernstthaler Gemeindevertreter an die Schönburgischen Lehnsherren, zu deren Territorium die Stadt gehört. Die fürstliche Familie ist ständig pleite, die Belastung durch Fronabgaben noch härter als im übrigen Sachsen. Frauen und Kinder im Hause May müssen durch das Nähen von Leichenhandschuhen zum Einkommen beitragen. *Dem gegenwärtigen Wohlstand ist es fast unmöglich, sich vorzustellen, wie armselig man sich am Ausgang der vierziger Jahre durch das Leben hungerte. Es mangelte uns an fast allem. Wir baten uns von unserem Nachbarn, dem Gastwirt 'Zur Stadt Glauchau', des Mittags die Kartoffelschalen aus, um die wenigen Brocken, die vielleicht noch daran hingen, zu einer Hungersuppe zu verwenden. Wir gingen nach der 'Roten Mühle' und ließen uns einige Handvoll Beutelstaub und Spelzenabfall schenken, um irgend etwas Nahrungsmittelähnliches daraus zu machen. Wir pflückten von den Schutthaufen Melde, von den Rainen Otterzungen und von den Zäunen wilden Lattich, um das zu kochen und mit ihm den Magen zu füllen. Die Blätter der Melde fühlen sich fettig an. Das ergab beim Kochen zwei oder drei Fettäuglein, die auf dem Wasser schwammen. Wie nahrhaft und wie delikat uns das erschien!*

1844 kommt es in Schlesien, wo vergleichbare Zustände herrschen, zu einem Hungeraufstand der Weber, der blutig niedergeschlagen wird. Das neu entstandene Industrieproletariat beginnt, sich gegen die zunehmende Verelendung zu wehren, das wirtschaftlich mächtige Bürgertum rüttelt von der anderen Seite an den rückschrittlichen feudalen Machtstrukturen. Es ist der unruhige Vorabend der März-Revolution. Selbst im beschaulich-ruhigen Ernstthal führt eine Mißernte inmitten der schweren Wirtschaftskrise 1847 zu ersten Revolten, bei denen Bäckerläden und Marktstände geplündert werden. 1848 schwappt der Aufstand der Franzosen in die benachbarten deutschen Staaten über. Demonstranten fordern Bürgerrechte, die nationale Einheit und ein demokratisches Parlament; in Berlin und Wien kommt es zu Straßenkämpfen. In Sachsen endet Anfang April eine der größten oppositionellen Volksversammlungen mit einem Sturm auf die Waldenburger Residenz des Fürsten, die dabei in Schutt und Asche gelegt wird. Ernstthals Linke organisiert sich im »Vaterlandsverein«. Mit dabei: Heinrich May.

Die Revolte wird niedergeschlagen. Es kommt zu Verhaftungen und drakonischen Strafen. *Der Polizist Eberhardt ging von Haus zu Haus und warnte vor den schrecklichen Folgen der Empörung. Am großen Kirchentor erzählten sich die Jungens in der Abenddämmerung nur noch vom Erschossenwerden, vom Aufgehängtwerden und vom Schafott.*

Ende einer Kindheit

Für den kleinen Karl läutet das Ende der Blindheit den vorzeitigen Abbruch der Kindheit ein. Der Vater überträgt seinen Ehrgeiz nun auf den Sohn. Der soll all das schaffen, was ihm, der nie eine Schule besuchen konnte, dem gerade erneut Gescheiterten, vorenthalten blieb. Er erreicht, daß der Fünfjährige eingeschult wird; und als er sich wirklich als ungewöhnlich begabt erweist, zwingt er ihn, noch nach der Schule, oft bis in die Nacht hinein, weiterzulernen. *Er holte allen sogenannten Lehrstoff zusammen, ohne zu einer Auswahl fähig zu sein oder eine geordnete Reihenfolge bestimmen zu können. Er brachte alles, was er fand, herbei. Ich mußte es lesen oder gar abschreiben. Alte Gebetbücher, Rechenbücher, Naturgeschichten, gelehrte Abhandlungen, von denen ich kein Wort verstand. Eine Geographie Deutschlands aus dem Jahre 1802, über 500 Seiten stark, mußte ich ganz abschreiben, um mir die Ziffern leichter einzuprägen. Die stimmten natürlich längst nicht mehr!*

Der Kantor von Ernstthal gibt dem talentierten Jüngling kostenlos Orgel-, Klavier- und Geigenunterricht; bald kommt eine lateinische Grammatik dazu, die May auswendiglernen muß, dann private Französischstunden beim Schulrektor. Als die Auswanderungswelle Richtung Amerika Ernstthal erreicht und Englischkurse angeboten werden, muß er auch daran teilnehmen. Die Kursgebühren hat er sich selbst zu verdienen, indem er in einer Hohensteiner Kneipe Kegel aufstellt, an manchen Tagen zwölf Stunden und mehr. *Das, was man als 'Jugend' bezeichnet, habe ich nie gehabt. Ich mußte stets zu Hause sein, um zu schreiben, zu lesen und zu 'lernen'! Wenn ich meine Altersgenossen auf dem Markte springen, tollen, spielen und lachen sah, wagte ich es nur selten, den Wunsch auszusprechen, mittun zu dürfen.* Der Vater war *gegen alle Beteiligung an den 'Unarten' anderer Knaben. Er erzog mich, wie man Muster herausarbeitet, um sie anderen anzupreisen.* Und wenn er Streß oder schlechte Laune hatte, also zehn Stunden täglich, wurde er jähzornig. Prügel gehörten zum Alltagsritual im Hause May. *Am Webstuhl hing ein dreifach geflochtener Strick, der blaue Striemen hinterließ, und hinter dem Ofen steckte der wohlbekannte 'birkene Hans', vor dem wir Kinder uns besonders scheuten, weil Vater es liebte, ihn vor der Züchtigung einzuweichen, um ihn elastischer und also eindringlicher zu machen. Selbst in den heitersten und friedvollsten Augenblicken hatten wir das Gefühl, daß wir auf vulkanischem Boden standen und von Moment zu Moment einen Ausbruch erwarten konnten. Dann bekam man den Strick oder den 'Hans' so lange, bis der Vater nicht mehr konnte...*

Als Vierzehnjähriger schließt Karl May die Schule mit einem hervorragenden Zeugnis ab. Doch sein Traum, ein Arzt zu werden, läßt sich nicht realisieren. Aber wenn wir eisern am täglichen Brot sparen, errechnet der Vater, könnte es für eine Volksschullehrerausbildung reichen, was immer noch einen gewaltigen gesellschaftlichen Aufstieg bedeuten würde. Durch Fürsprache des Pfarrers erreicht Karl May wirklich noch im selben Jahr die Aufnahme in das Fürstlich Schönburgische Lehrerseminar zu Waldenburg.

Die Freude währt kurz. Der Empfang ist frostig. Lehrer und Schulkameraden lassen das »Arme-Leute-Kind« spüren, daß es nur dank eines Gnadenaktes unter den Bürgersöhnen weilen darf. *Ich vereinsamte auch hier. Und zwar mehr, viel mehr als daheim. Ich hätte mich wohl gern einem unserer Lehrer anvertraut, aber die waren ja alle so erhaben, so kalt, so unnahbar, und vor allen Dingen, das fühlte ich heraus, keiner von ihnen hätte mich verstanden; sie waren keine Psychologen. Sie hätten mich befremdet angesehen und einfach stehengelassen.* Der Unterricht selbst erinnert an die Gehirnwäschemethoden moderner Psychosekten. *Kalt, streng, hart. Es fehlte jede Spur von Poesie. Jeder einzelne Gedanke gehörte in sein bestimmtes Dutzend und durfte sich beileibe nicht an einer anderen Stelle sehen lassen.* Die *selbstgerechte, starre, salbungsvolle und muckerische Schulmeisterreligiosität* stößt May ab. *Das ließ keine Spur von Wärme aufkommen; das tötete mich innerlich ab.* May erhält einen ersten Verweis, als er einmal beim Religionsunterricht fehlt; sein unter der Knute des Vaters angelerntes Wissen wirkt »altklug«, seine kritischen Hinterfragungen des Lehrplans lenken die Aufmerksamkeit zorniger Lehrer auf den Webersohn. Man hat aus den Ereignissen um 1848 gelernt: Demokratische Regungen sollen im Keim erstickt werden.

Im Dezember 1859 kommt es zum Eklat: May, als »Lichtwochner« für die Beleuchtung der Klassenzimmer verantwortlich, steckt als Weihnachtsgeschenk für seine Eltern ein halbes Dutzend Kerzen ein. Zwei Mitschüler denunzieren ihn. Eine Lehrerkonferenz wird anberaumt, die den Zögling mit dem »infernalischen Charakter« wegen »sittlicher Unwürdigkeit« von der Schule verweist.

Die mögliche Höchststrafe. Doch er hat Glück: Der Ernstthaler Pfarrer setzt sich für ihn ein; sein Gnadengesuch wird angenommen, und er darf seine Ausbildung an einem anderen Seminar fortsetzen. Im September 1861 besteht er die Schulamtskandidatenprüfung in Plauen mit »gut«; drei Wochen später tritt er seinen ersten Job als Hilfslehrer auf Probe an einer Armenschule in Glauchau an. Dieses Mal währt das Glück ganze zwölf Tage: Sein Vermieter beklagt sich beim zuständigen Superintendenten, der Neunzehnjährige habe sich seiner jungen Ehefrau, der er Klavierunterricht gab, zu sehr genähert. »Eine Disciplinaruntersuchung einzuleiten oder die Einleitung derselben zu beantragen, dazu reichten die Zugeständnisse nicht aus«, notiert der Superintendent. Karl May wird dennoch fristlos gekündigt und mit einer Klage bedroht, falls er sich »höheren Ortes« beschwere. Er verzichtet und studiert Stellenanzeigen.

May landet in Altchemnitz. Dort übernimmt er als Fabrikschullehrer zweier Spinnereien drei Klassen mit Zehn- bis Vierzehnjährigen, die nach zehnstündiger Fabrikarbeit ihre gesetzliche Schulpflicht absitzen dürfen. Die Klasse ist in einer Giebelstube über der Waschküche untergebracht, so klein, daß die Schüler, weil ihre Bänke dicht an den schrägen Wänden stehen, nicht aufrecht sitzen können. Eine unbefriedigende Aufgabe, die Fluktuation unter den Lehrkräften ist hoch. Karl May bleibt sechs Wochen. Doch der Abgang erfolgt unfreiwillig, erneut zu Weihnachten: Als er in den Ferien nach Hause fährt, nimmt er eine Uhr und Rauchutensilien seines Zimmergenossen mit. Wer eine Uhr besitzt, der macht schon was her, weiß er. Und geliehen hat er sie schließlich schon öfter, um pünktlich seinen Unterricht zu beginnen. Doch der Besitzer sieht diesmal seine Chance, den lästigen Mitbewohner loszuwerden, und erstattet Anzeige. Am zweiten Weihnachtstag wird Karl May im Hohensteiner Gasthof »Drei Schwanen« mitten in einer Billardpartie festgenommen. Ein Richter findet sich, der ihn wegen »widerrechtlicher Benutzung fremder Sachen« zu sechs Wochen Gefängnis verurteilt, die er vom 8. September bis 20. Oktober 1862 in Chemnitz absitzt.

Damit ist es aus mit dem Traum vom Lehrer-Dasein. Als May sich nach der Haft um eine neue Stelle bewerben will, behält das sächsische Kultusministerium seine Zeugnisse ein und verhängt ein lebenslängliches Berufsverbot über den 21jährigen. Nach sechsjähriger Ausbildung steht Karl May wieder vor dem Nichts. Ein Schock! *Dieses Entsetzen hat mich nicht wieder verlassen; es gab mich nicht wieder frei. Es krallte sich in mir fest und fraß mich innerlich mitten auseinander.* Erneut hat sich die Außenwelt als Bedrohung erwiesen. Der gekränkte Narziß spinnt sich weiter in seinen Kokon ein. *Der Gedanke an die mir widerfahrene Schande bohrte sich so tief und so vernichtend in meine Seele ein, daß sie schwer und gefährlich erkrankte. Ich sann auf Rache, und zwar auf eine fürchterliche Rache, auf etwas noch niemals Dagewesenes. Diese Rache sollte darin bestehen, daß ich, der durch die Bestrafung unter die Verbrecher Geworfene, nun wirklich auch Verbrechen beging.*

Nach meiner Ansicht hatte man mich dann auf dem Gewissen, und am Jüngsten Tage war Gott dann gezwungen, die ganze verruchte Schwefelbande, die mich und die Meinen so elend gemacht hatte, in die Hölle zu schleudern.

Narziß und Schmollmund

Am 9. Juli 1864 erscheint in der Stadt Penig nördlich von Ernstthal ein »Augenarzt Dr. med. Heilig« bei einem Schneider, läßt sich neu ausstatten und verschwindet, ohne zu bezahlen, aber unter Hinterlassung eines lateinisch korrekt ausgefüllten Rezeptes für einen Kranken im Hause. Am 16. Dezember taucht in Chemnitz ein »Seminarlehrer Ferdinand Lohse« auf, bestellt bei dem Kürschner Nappe für seinen angeblich krank darniederliegenden Direktor einen noblen Pelz in seine Pension, begibt sich damit ins Nebenzimmer und ward nicht mehr gesehen. Am 20. März 1865 versucht ein »Normen- und Formenstecher Hermes« (der Gott der Diebe!) das gleiche Spiel in Leipzig - und wird gefaßt. Am 8. Juni 1865 wird Karl May wegen »mehrfachen Betrugs« zu vier Jahren und einem Monat Arbeitshaus verurteilt. Schon eine Woche später ist er die Nummer 171 unter rund eintausend Gefangenen in der Zwickauer Strafanstalt Schloß Osterstein.

»In Folge Allerhöchster Gnade« wird May aufgrund guter Führung am 2. November '68 vorzeitig entlassen. Doch seine Lage ist nun noch schlimmer als zuvor. Das erste, was er zu Hause erfährt, ist, daß die »Märchengroßmutter« kurz nach seiner Inhaftierung verstorben ist. Nachbarn beobachten den »Vorbestraften«, der »was Besseres« sein wollte, mit Mißtrauen. Mehrfach wird er irgendwelcher Delikte, die in der

Umgebung passiert sind, verdächtigt. May beginnt, um sich zu schlagen - in der Maske seiner Feinde: Am zweiten Osterfeiertag '69 beschlagnahmt ein »Polizeilieutenant von Wolframsdorf« bei einem Krämer in Wiederau einen Zehntalerschein als »Falschgeld« und eine zufällig entdeckte Uhr als »Diebesgut«. Der Krämer folgt brav der Aufforderung, den Vertreter des Staates »behufs weiterer Erörterung« zur nächsten Gendarmerie zu begleiten, und wartet noch mehrere Stunden wie angewiesen im nebenan gelegenen Gasthof auf seine Einvernahme. Zehn Tage später beschlagnahmt ein »Mitglied der geheimen Polizei« bei einem Seilermeister in Ponitz auf ähnliche Art dreißig Taler, die allerdings bei dem turbulenten Fluchtversuch wieder verloren gehen; am 15. Juni schickt in Mülsen St. Jakob ein »Expedient des Advocaten Dr. Schaffrath in Dresden« einen Bäckermeister und seine sämtlichen Söhne mit der Ankündigung, sie hätten von einem nach Amerika ausgewanderten Verwandten eine Erbschaft erhalten, auf den Weg zum Notar, um anschließend den verbliebenen Gattinnen zu eröffnen: alles Lüge - das sei nur ein Vorwand gewesen, um ungestört Falschgeld rekognoszieren zu können. Er verschwindet mit 28 Talern.

Bei anderen Aktionen wird die Beute noch absurder, die Taten entpuppen sich immer deutlicher als groteske Eulenspiegeleien: einmal stiehlt er in einem Restaurant fünf Billardkugeln, bei einem Einbruch in die Hohensteiner Kneipe Engelhardt, wo er seinerzeit Kegel aufstellen mußte, nimmt er ein Handtuch und eine Zigarettenspitze mit. Als er schließlich am 4. Januar 1870 bei dem Versuch, in einer Scheune zu übernachten, verhaftet wird, hat er einen Gesamtschaden von 106 Talern 12 Groschen 3 Pfennigen verursacht. Ein Gericht verurteilt ihn dafür zu vier Jahren Zuchthaus, von denen er das erste Jahr »wegen des Verdachts der

Entweichung und Neigung zu grobem Unfug, Widersetzlichkeit und Gewaltthaten« in Isolationshaft verbringt.

Coming-out

Als der inzwischen 32jährige am 2. Mai 1874 aus dem Zuchthaus Waldheim entlassen wird, hat sich die Welt entscheidend weitergedreht. Preußen und seine Verbündeten hatten einen Krieg gegen Frankreich provoziert und gewonnen. Ein nationaler Rausch ergriff weite Teile der Bevölkerung. Die Folge war nicht nur der lang erstrebte Zusammenschluß der Kleinstaaten zum Deutschen Reich unter preußischer Führung, sondern auch eine horrende Kriegsentschädigung von 1,8 Milliarden Talern, die der ohnehin expandierenden Wirtschaft nun einen zusätzlichen Finanzrausch beschert. Neue industrielle Zentren entstehen - zu Lasten der Landwirtschaft und der Heimwerker. Eine Welle von Landflucht setzt ein, Berlin verdoppelt seine Bevölkerung und wird zur ersten deutschen Millionenstadt. Die explosionsartig wachsenden Städte werden mit den Menschenmassen nicht fertig. Notwendig gewordene bürokratische Strukturen und die neuen industriellen Anforderungen grenzen die Lebens- und Arbeitswelt scharf ein. Sozialgesetze gibt es noch nicht, eine immer größer werdende Unterschicht lebt am Rande der Existenz. Der in den vierziger Jahren gestartete Auswanderertreck fährt unvermindert weiter. Zwischen 1871 und 1896 wandern 2,5 Millionen Deutsche aus, zumeist nach Amerika.

Exotische Abenteuergeschichten und Reiseberichte aus noch von der Industrie unberührten Kulturen erleben einen neuen Boom. Die Alphabetisierung hat inzwischen drei Viertel der Bevölkerung erreicht, die Wochenarbeitszeit sinkt in den wichtigsten Industriezweigen von 78 Stunden im Jahre 1870 auf 64 Stunden im Jahre 1890. Die neu entstandene Fabrikarbeiterschaft, die kleinen Beamten, Kaufleute und Handwerker, die im Gegensatz zur Landbevölkerung nun über das Privileg geregelter Arbeits- und Freizeit verfügen, entwickeln ein starkes Interesse an ausgleichender Unterhaltung. Bücher sind immer noch ein Luxusgut des gehobenen Bürgerstandes, doch Fortsetzungsheftromane, von sogenannten Kolporteuren auf Ratenbasis an die Haustür geliefert, finden reißenden Absatz.

»Etwas entkräftigt, sonst arbeitsfähig«, notiert der Anstaltsarzt in den Entlassungspapieren des »Züchtlings No. 402« am 2. Mai 1874. Und zu den Zukunftsplänen: »Will nach Amerika auswandern«. Das hat er schon einmal angekündigt, und es bleibt bei seiner diesmaligen Entlassung ebenso unrealistisch wie die Chance für einen mehrfach Vorbestraften, jemals ein bürgerliches Leben führen zu können. Karl May ist zum stigmatisierten Außenseiter geworden, absolute Anpassung oder eine drastische kriminelle Karriere heißt die Alternative. Doch May geht einen dritten Weg. Er schreibt.

»Nicht stutzt er zurecht, beschneidet, duckt, bekämpft, was ins bürgerliche Milieu nicht einzupassen war und auf weitere Zeit darin hätte umkommen müssen, sondern er verwandelt das Milieu selbst: er schafft seiner so bizarren Person und allen ihren heroischen, revoltierend herrischen Attitüden eine eigene, imaginäre Umwelt, in der sie ungehemmt gedeihen können: einen Traumraum, der in zähen Kleinarbeiten von jetzt an mit immer reicheren Details von höherer Wirklichkeit ausstaffiert wird. Was draußen in der rohen Realität übrig bleibt, ist nur der schattenhafte Umriß des alten vertrackten Charakters: ein ungefährliches, umweltverträgliches Wesen, das auf sehr leisen Sohlen weitergeht« (der May-Biograph Wollschläger).

Karl May hat bereits von Waldheim aus begonnen, Erzählungen an diverse Zeitschriftenverleger zu verschicken - zunächst vergeblich. Kein einziger Text wird gedruckt. Doch zehn Monate nach seiner Entlassung steht plötzlich einer der Adressaten vor der heimatlichen Wohnungstür und bietet ihm einen Redakteursjob an.

Heinrich Gotthold Münchmeyer, ursprünglich Zimmermannsgeselle, dann über die Dörfer ziehender Tanzmusiker, hatte 1862 in Dresden ein »Verlags- und Colportage-Geschäft« gestartet. Neben anderen Groschenheften gibt Münchmeyer das Wochenblatt »Der Beobachter« heraus. Das soll, nachdem der Redakteur gekündigt hat, nun Karl May übernehmen. Denn der kann schreiben, das hat Münchmeyer anhand der Knast-Manuskripte erkannt, und Autoren sind angesichts der gewaltig anwachsenden Leserschar Mangelware. Da läßt sich sogar so manche Vorstrafe übersehen, zumal sich die auch noch günstig auf die Lohnverhandlungen auswirken dürfte...

Am 8. März 1875 zieht May nach Dresden, in die Nähe des Verlagssitzes. Damit ignoriert er, daß er für zwei Jahre unter Polizeiaufsicht gestellt worden ist - mit täglicher Meldepflicht beim Ortspolizisten. So läßt der Ernstthaler Gendarmeriebrigadier Frenzel vier Tage später die Dresdner Kripo »ganz gehorsamst« wissen, daß der neue Mitbürger der aufstrebenden Metropole der »bereits wegen schweren Diebstahls, Betrugs, Widersetzung und Fälschung bestrafte Gauner und frühere Schullehrer Carl Friedrich May« sei und »nun zu vermuthen steht, daß derselbe auch seine frühere verbrecherische Laufbahn theilweise wieder betreten dürfte«. May wird ausgewiesen. Doch diesmal fängt sich der erneut durch behördliche Willkür am Abgrund seiner Existenz Stehende. Anfang August erreicht er eine Revision des Ausweisungsbeschlusses und kehrt nach Dresden zurück.

Dort gründet er sogleich für Münchmeyer drei neue Zeitschriften, »Schacht und Hütte«, »Deutsches Familienblatt« und »Feierstunden am häuslichen Heerde«; Unterhaltungsblätter, die *Sonnenschein in die Häuser und Herzen der Leser bringen* sollen, in denen er aber endlich seine ersten Erzählungen »Aus der Mappe eines Vielgereisten« drucken kann. Die Blätter sind so erfolgreich, daß ihm Münchmeyer zwar kein seriöses Gehalt zahlt, aber zu Weihnachten ein Klavier schenkt.

Dennoch währt die Zusammenarbeit nur achtzehn Monate. Ende Oktober 1876 kündigt May. Anlaß ist kein beruflicher Konflikt, sondern das eifrige Bemühen der Münchmeyers, den aufstrebenden Autor und Redakteur noch intensiver zu binden und mit der unverheirateten Schwester der Verlegersgattin zu verkuppeln. Doch in dieser Hinsicht hat der 34jährige andere Pläne: Bei einem Heimatbesuch hatte er im Hause seiner Schwester die 19jährige Emma Lina Pollmer entdeckt, eine verwöhnte Lokalschönheit, die, von Verehrern heiß umlagert, bei ihrem Großvater lebt. May ist *stolz darauf, daß ich alter Kerl die jungen Anbeter alle ausgestochen hatte, und zwar so schnell und gründlich, mit einem einzigen Male! Schon von morgen an kam sie täglich abends zu mir, sobald Pollmer schlafen gegangen war, heimlich, leise durch meine Hintertür, die für sie offen stand.* Wieder in Dresden, läßt er sich durch ihre Briefe dazu verführen, sie für eine ideale Gattin zu halten: *Sie sprach da von meinem 'schönen, hochwichtigen Beruf', von meinen 'edlen Zielen und Idealen'. Sie zitierte Stellen aus meinen 'Geographischen Predigten' und knüpfte Gedanken daran, deren Trefflichkeit mich erstaunte. Welch eine Veranlagung zur Schriftstellersfrau!*

Ein fataler Irrtum: In den folgenden Jahren wird May noch häufiger notieren, daß seine Gattin keinerlei Interesse an seiner Arbeit zeigt, nicht einmal die Erzählungen liest, die er unter ihrem Namen veröffentlicht - ein hilfloser Versuch, ihre Aufmerksamkeit zu wecken. *Meine Frau hat nie in einem meiner Bücher gelesen. Der Zweck und Inhalt meiner Schriften war ihr ebenso unbekannt und gleichgültig wie meine Ziele und Ideale überhaupt. Es ekelte ihr vor geistiger Arbeit. Ihr Ideal war ein immerwährend offenes Haus, ein Staarkasten für schwatzhafte Meisen und lockere Vögel allerlei Art. Da wollte sie als Königin gelten, da wollte sie geliebt sein und wiederlieben...* Nach 22 Jahren wird die Ehe 1903 geschieden und May heiratet zehn Wochen später die Fabrikantenwitwe Klara Plöhn - eine Wahl, die ihn glücklicher macht, sich aber langfristig verheerend auf sein Lebenswerk auswirken wird. Aber das ist wieder eine andere Geschichte.

Zunächst zieht May mit Emma Pollmer zusammen und schlägt sich einige Monate als freier Autor mit erzgebirgischen Dorfgeschichten durchs Leben, bis er im Oktober '77 als Redakteur für den Dresdner Verleger Bruno Radelli dessen Wochenblatt »Frohe Stunden« betreut. Darin erscheint in Fortsetzungen Mays erster Roman »Auf der See gefangen«, der sich später in »Old Surehand« wiederfindet. Auch andere Verleger nehmen von ihm Notiz, drucken seine Erzählungen.

»Diese Geschichte ist so geistvoll und spannend geschrieben, daß ich mir gratuliere«, schreibt der Dichter und »Heimgarten«-Redakteur Peter Rosegger an einen Experten nach der Lektüre von Mays ägyptischer Novelle »Die Rose von Kahira«. »Hätten Sie, Herr Professor, vielleicht zufällig den Namen Karl May schon gehört? Seiner ganzen Schreibweise nach halte ich ihn für einen vielerfahrenen Mann, der lange Zeit im Orient gelebt haben muß.« Ein Ausnahmetalent gibt sich zu erkennen.

Mitten in diese eher ruhige Phase platzt eine erneute Verhaftung und Verurteilung. In der Nacht zum 28. Januar '78 war der einzige Sohn des alten Pollmer nach einer Kneipenschlägerei betrunken unter Pferdehufe geraten und ums Leben gekommen. Pollmer glaubt nicht an einen Unfall und überredet May, der Geschichte am Tatort nachzuforschen. Der macht es - auf seine ganz spezielle Art: Unter der Behauptung, *von der Regierung eingesetzt und etwas Höheres als der Staatsanwalt* zu sein, vernimmt er Augenzeugen, die allerdings Verdacht schöpfen und Anzeige erstatten. Am 9. Januar wird Karl May zu drei Wochen Gefängnis wegen Amtsanmaßung verurteilt (widerrechtlich, auch nach damaligem Paragraphenwerk, hat der Jurist Claus Roxin nachträglich ermittelt), die er vom 1. bis 22. September ausgerechnet im heimatlichen Gefängnis absitzen muß. Ein Zwischenfall, der ihn jedoch nun nicht mehr von dem Weg abbringen kann, den er im Oktober 1875 zum ersten Mal öffentlich beschritt, als er in Münchmeyers »Familienblatt« seine »Mappe eines Vielgereisten« mit dem Satz öffnete: *Swallow, mein wackerer Mustang, spitzte die kleinen Ohren.*

II. Im Zenit

> »Ich muß selbst zum Märchen werden, ich selbst, mein eigenes Ich. Es wird das freilich eine Kühnheit sein, an der ich leicht zugrunde gehen kann...« *Karl May*

Aus dem proletarischen Underdog wird der Repräsentant seiner Epoche. Als 1892 die ersten sechs »Grünen Bände« erscheinen, muß May seinen Verleger noch um einen Vorschuß bitten. Drei Jahre später - und von nun an jährlich - erhält er 60.000 Mark für über 100.000 verkaufte Bücher. Zur Jahrhundertwende überschreiten seine »Reiseerzählungen« die Millionengrenze; die gleiche Auflagenhöhe nennt eine Annonce 1901 für die fünf frühen Kolportageromane im Münchmeyer-Verlag. Und seitdem ist kein Ende des Booms abzusehen: 1945 sind es 9,3 Millionen, 1965 bereits 25, in den siebziger Jahren verdoppelt sich die Auflage noch einmal, und bis heute hat allein der Karl-May-Verlag, über dessen besondere Verdienste noch zu berichten sein wird, rund achtzig Millionen Bücher abgesetzt. Allein »Winnetou I«, der meistverbreitete May, hat inzwischen eine deutschsprachige Auflage von mehr als vier Millionen Exemplaren.

Hinzu kommen mindestens 25 Millionen deutschsprachige Exemplare in einem Dutzend anderer Verlage sowie nicht schätzbare, zum Teil schon um die Jahrhundertwende illegal erfolgte Übersetzungen in mindestens dreißig Sprachen. Im holländisch-flämischen Bereich haben rund 55 Verlage May-Titel im Programm, in Litauen erreichten allein die »Winnetou«-Bände bei Neuauflagen 1986/88 300.000 Käufer. In der Tschechoslowakei und in Ungarn gehört er zu den populärsten Jugendautoren des Landes - mit Auflagen von jeweils mehreren hunderttausend Exemplaren. In Bulgarien darf er seit 1977 wieder gedruckt werden; der erste Band, eine Kurzgeschichtensammlung, erschien in einer Auflage von 300.000 Exemplaren, die gleich am ersten Tag ausverkauft war.

Von 1965 bis 1971 nennt eine Untersuchung 431 Übersetzungen von Mays Reiseerzählungen. »Die in dieser Reihenfolge Nächstplazierten, die Gebrüder Grimm, Goethe, Brecht und Thomas Mann, kamen im gleichen Zeitraum lediglich auf 182 bis 288 Übersetzungen.«[1] 1968 zählte die UNESCO 114 May-Übersetzungen - Platz fünf der Weltrangliste (Goethe taucht hier erst an fünfzigster Stelle auf).

Karl May, der Popstar. Schon zu Lebzeiten. Auf Promotion-Reisen empfängt er bis zu 800 Besucher täglich. In München muß die Feuerwehr anrücken und die von Hunderten von Fans besetzte Straße vor dem Hotel freispritzen. In Bonn entdecken Fans den Mayster beim Friseur, stürmen den Laden und entführen die abgeschnittenen Haarlocken vom Boden. Fan-Post, adressiert an »Mr. Shatterhand, Dresden« oder »Herrn Schriftsteller Karl May« ohne jegliche Ortsangabe erreicht den Empfänger. *Wer kennt alle die May-Klubs, deren Ehrenmitglied ich bin? Wer zählt die Verbindungen, die akademischen und unakademischen Gesangsvereine, die Lese-, Fecht-, Turn- und anderen Vereine, Stamm-, Skat- und Kaffeetische, welche mir durch Depeschen, Briefe, Karten,*

---

1 Jochen Schulte-Sasse: Karl Mays Amerika-Exotik und deutsche Wirklichkeit. Zur sozialpsychologischen Funktion von Trivialliteratur im wilhelminischen Deutschland; in: Helmut Schmiedt (Hrsg.): Karl May. Suhrkamp, Frankfurt 1983, S. 101.

Blumen und sonstige Spenden beweisen, daß ich jährlich etwa zwanzig Geburts- und dreißig Namenstage habe? Lehrer verteilen signierte Fotos des gescheiterten Ex-Kollegen an ihre Schüler als Belohnung für gute Noten und sittsames Betragen. *Mehreren räudigen Schafen, bei denen kein Besserungsmittel fruchten wollte*, wurde ein May-Foto verweigert. *Einige Tage darauf teilte mir der Regens mit, daß er seinen Zweck erreicht habe; die Widerstrebenden hatten um Verzeihung gebeten und Besserung versprochen.*

»Wenn meine Bücherreihen mit einer Gewehrsammlung verglichen werden, so ist 'May' die Waffe, mit der ich jeden Leser unfehlbar ins Herz treffe«, jubelt ein Bibliothekar. Eine dankbare Mutter berichtet, wie ihr Sohn nach der Lektüre von »Old Surehand« »so ergriffen und gepackt« war, daß er den Plan zum Selbstmord aufgab. »Sie glauben kaum, wie die armen, einfachen Menschen lauschen, wenn ich ihnen nach ihrem schweren Tagewerke des Abends vorlese! Ich kann behaupten, daß es jetzt keinen bösen Menschen mehr hier gibt«, teilt eine Lehrerin aus den »einsamen Dolomiten« mit, und ein Ehepaar gesteht: »Seit wir Ihre Werke gelesen haben, sind wir keine Sozialdemokraten mehr.«

Heiratsanträge, *meist ohne Vorwissen der betreffenden Dame von Verwandten oder Vormündern an mich gerichtet*, stapeln sich in der »Villa Shatterhand« wie ein halbes Jahrhundert später in »Graceland«. Bildmotive aus Karl-May-Romanen werden, »zur Zimmerzierde vorzüglich passend, im großen Format und Oelfarbendruck«, als Poster vertrieben - 1883! Eine Mitarbeiterin wird notwendig, um die Autogrammwünsche zu befriedigen, ein Fotograf wird reich mit dem Vertrieb von Exklusivaufnahmen: Karl May in den Kostümen von Old Shatterhand und Kara Ben Nemsi, an seiner

Ich bin wirklich Old Shatterhand resp. Kara Ben Nemsi und habe erlebt, was ich erzähle. - Karl May um 1896.

Seite den Bärentöter und Winnetous Silberbüchse, die er sich bei einem Dresdener Büchsenmacher extra zu diesem Zweck anfertigen ließ. Schon 1881 hatten die Abonnenten des »Deutschen Hausschatz« erfahren, der »beliebte Weltläufer« habe alle seine Schauplätze »selbst bereist. Unlängst ist er von einem Ausflug nach Rußland, Bulgarien, Konstantinopel etc. zurückgekehrt, und zwar mit einem Messerstich als Andenken. Denn er pflegt nicht, mit dem rothen Bädeker in der Hand zu reisen, sondern er sucht die noch wenig ausgetretenen Pfade auf.« »Selbstverständlich erlebt man in der Sahara, in Kurdistan usw. andere Dinge als im Coupé für Nichtraucher auf der Eisenbahn in Deutschland«, heißt es einige Ausgaben später. Leser bestürmen ihn mit Fragen nach unveröffentlichten Einzelheiten seiner Reisen, tschechische, ungarische und holländische Zeitungen berichten über den sächsischen Weltenbummler.

Halb zog es ihn, halb glitt er hin: »Der liebesarme, nach Liebe sich Sehnende, vermochte nicht der Versuchung zu widerstehen, die Zuneigung, die sich so jäh millionenfach seinen Ich-Idealen zuwandte, dem eigenen Ich zuzulenken« (Wollschläger). Ab 1896 heißen die Reiseromane »Reiseerzählungen« oder gar »-erlebnisse«, und die Leser erfahren es offiziell aus der Feder des Maysters: *Ich bin wirklich Old Shatterhand resp. Kara Ben Nemsi und habe erlebt, was ich erzähle.*

Wahnsinn und Genie

Ich habe jene Länder wirklich besucht und spreche die Sprachen der betreffenden Völker. Ich spreche und schreibe: französisch, englisch, italienisch, spanisch, griechisch, lateinisch, hebräisch, rumänisch, arabisch 6 Dialekte, persisch, kur-

disch 2 Dialekte, chinesisch 6 Dialekte, malayisch, Namaqua, einige Sunda-Idiome, Suaheli, hindustanisch, türkisch, und die Indianersprachen der Sioux, Apatschen, Komantschen, Snakes, Uthas, Kiowas, nebst dem Ketschumany 3 südamerikanische Dialekte. Lappländisch will ich nicht mitzählen. ... Die Gestalten, welche ich bringe, haben gelebt oder leben noch und waren meine Freunde. ... Winnetou war geboren 1840 und wurde erschossen am 2.9.1874. Er war noch herrlicher, als ich ihn beschreiben kann. ... Weil ich meist Selbsterlebtes erzähle und Selbstgesehenes beschreibe, brauche ich mir nichts auszusinnen.

Karl May auf dem Höhepunkt seines Ruhmes. *Ich bin wirklich Old Shatterhand*, erzählt der kleine Sachse, der mit 58 Jahren zum ersten Mal den europäischen Boden verlassen wird, der Welt - und die glaubt es ihm, so wahnwitzig seine Schilderungen auch ausfallen. Amerika habe er »schon mehr als zwanzigmal bereist«, berichtet ein Reporter des »Bayerischen Courier« 1897 nach einem Interviewtermin, im Herbst des Jahres gedenke »der Mann, der über 1200 Sprachen und Dialekte versteht«, erneut »bei den Apachen einzukehren«, wo er 35.000 Mann befehligen könne, »Winnetous einsames Grab zu besuchen und sich in den Rocky Mountains einen Grizzly-Bären zu holen.« Einigen *Flachköpfen*, die Zweifel anmelden, droht er, sie *mögen hierher kommen und die Narben sehen, welche meinen Körper bedecken, dann werden sie schweigen!*

Was im nachhinein wie eine geniale PR-Kampagne zur Vermarktung eines Images wirkt, war mehr als eine Lüge für die Öffentlichkeit: Karl May *war* Old Shatterhand, und er kannte seine Helden wirklich. Wenn er vom Tode Winnetous erzählte, »saß er tränenüberströmt da«, weil ihm die Erinnerung zu nahe ging, berichteten Freunde. Wenn er arbeitete, litt und lachte er mit seinen Figuren. Einmal rannte eine Angestellte, die das Geschrei in Mays Zimmer gehört hatte, entsetzt aus dem Haus und verkündete, der Chef sei wahnsinnig geworden.

Spätestens Mitte der 90er Jahre hat May, so das Fazit des May-Forschers Prof. Claus Roxin, »nach und nach die Kontrolle über seine Phantasie verloren, Realität und Traum nicht mehr auseinanderhalten können«. Spätestens da hätte die Öffentlichkeit merken müssen, daß Karl Mays exotische Reiseerzählungen nichts weiter sind als *Befreiungsgeschichten*: das bizarre Werk einer genial umgewandelten schweren narzißtischen Neurose, Spiegelungen einer alptraumhaften Innenwelt, »höchst private Niederlagen und Demütigungen, mit beträchtlicher Präzision von der Seele« geschrieben (Schmiedt). May hat erlebt, was er erzählt, nicht im Wilden Westen und nicht im Orient, sondern in Sachsen. *Wirklich in den Geist einer Sprache eindringen kann man nur als Angehöriger des Volkes, von welchem sie gesprochen wird*, schreibt er schon 1896 im »Deutschen Hausschatz«, *und wer meine Erzählungen gelesen hat, der weiß, daß ich stets nach dieser, wenn auch innern, Angehörigkeit getrachtet habe*. Der *innern*.

»Es scheint, daß May sein Werk stets ohne jede präzise Vorstellung von Fortgang und Lösung der Handlung begann; seine Durchführungen entstehen dann viel mehr aus sich selbst als aus dem exponierten Material, von dem sie oft erstaunlich viele Motive einfach liegen lassen. Die Konzept-Blätter zum Spätwerk, die erhalten geblieben sind, beweisen dies deutlich: sie enthalten nirgends auch nur Ansätze zu einem Rahmenentwurf, sondern sind durchweg Datenspeicherung zum bereits geschriebenen«, stellt Hans Wollschläger fest. »Man darf sagen, daß Schreiben für May grundsätzlich, in selten totalem Grad, die Abfuhr von Innen-Konflikten bedeutete; waren diese 'ausgetragen', so durften, ja mußten sie für einige Zeit 'vergessen' sein. Diese Abfuhr gedieh natürlich nie zur wirklichen Erledigung; die schubartige Wiederkehr ihrer Notwendigkeit bewirkte so Mays eigentliche, stupende Produktivität.«

Ich skizziere. Damit ist alles gesagt. Ich schreibe oft monatelang kein einziges Wort. Dann sind plötzlich in einer einzigen Nacht wohl über hundert Seiten fertig geworden. An diesen Seiten ändere ich nichts. Ich schicke sie früh fort, und wie die Zeilen aus der Feder kamen, so werden sie gesetzt und gedruckt. Änderungen dulde ich nicht! Ich verändere nie, und ich feile nie. May entwickelt eine geradezu panische Angst vor einer *bewußten* Auseinandersetzung mit dem Geschriebenen. So scheut er auch vor notwendigen Bearbeitungen seiner Werke zurück, wird mehrfach dabei krank, erledigt Neufassungen und verbindende Elemente (ein Großteil seiner Buchausgaben entstand als Sammlung einzelner, in Zeitschriften erstveröffentlichter Erzählungen) in letzter Minute und äußerst schlampig. Da werden Personen wieder zum Leben erweckt, die längst verstorben sind, da »vergessen« die einen Erlebnisse aus früheren Episoden, während andere Informationen ausplaudern, die sie erst zeitlich später erfahren werden. Und auch Winnetou erwischt es: Während er in der Einleitung zum ersten Band noch *durch die mörderische Kugel eines Weißen* stirbt, wird er im dritten Band von einem Indianer getötet. *Ich habe meinem Geiste und meiner Seele ein irdisches Gewand gegeben, Roman genannt. Dieses Gewand ist der einzige Körper, in dem es meinem inneren Menschen möglich ist, mit meinen Lesern zu reden, sich ihnen sicht- und hörbar zu machen. Es darf kein Wort, keine Zeile daran geändert werden. Jede kleine Änderung, sogar die allerkleinste, bedeutet eine Wunde; jede größere aber macht ihn gar zum Krüppel.*

Was Karl May im realen Leben so oft so kläglich daneben ging, gelingt Old Shatterhand resp. Kara Ben Nemsi spielend. Mußte sich der junge Karl May unter väterlichem Zwang durch fremdsprachige Grammatiken und Wörterbücher quälen, so lernt Kara Ben Nemsi im wilden Kurdistan die Landessprache innerhalb von wenigen Tagen. Während der jahrelang blinde Autor noch immer Probleme mit seinen Augen hat und sich mehrfach in Behandlung begeben muß, ist sein literarisches Ich mit überragenden visuellen Fähigkeiten ausgestattet, die es ihm ermöglichen, einen lauschenden Feind auf fünfzig Schritt Entfernung *infolge der Mücken, die, von seiner Person angezogen, um den Busch weit dichter spielen als anderswo*, zu enttarnen. Scheiterte Mays sehnsüchtiger Wunsch, nach Jahren der Blindheit selbst Arzt zu werden, an den materiellen Voraussetzungen, so erwirbt sich Kara Ben Nemsi bald im gesamten Orient den Ruf eines Medizinmannes, *der mit dem Scheidan im Bunde stehe, weil er mit drei Körnchen Durrhahirse Tote lebendig machen könne*. Und das ganz ohne eine entsprechende Ausbildung: *Nun war mir unglückseligerweise in Kairo eine alte, nur noch halb gefüllte homöopathische Apotheke in die Hand gekommen; ich hatte hier und da bei einem Fremden oder Bekannten fünf Körnchen von der dreißigsten Potenz versucht, dann während der Nilfahrt meinen Schiffern gegen alle möglichen eingebildeten Leiden eine Messerspitze Milchzucker gegeben und war mit ungeheurer Schnelligkeit in den Ruf eines Arztes ge-*

kommen, begründet May nur notdürftig-ungeschickt die literarische Kompensation seiner unerfüllbaren Utopie vom Menschenheiler durch den tatkräftigen Kara Ben Nemsi, der, als Höhepunkt seiner Karriere als »Dr. med Heilig«, im Land der Skipetaren sogar die Kunst des Gipsverbandes einführt.[2]

Mays Gefängnisjahre spiegeln sich nicht nur in einer endlosen Kette von Gefangenschaften und Befreiungen wider. Seine Helden hält es auch nie lange an einem Ort, sie reisen unaufhörlich durch *weiteste Räume, durch ganze Länder und Kontinente*, am liebsten aber *aus der Tiefe zur Höhe, aus Ardistan nach Dschinnistan, vom niederen Sinnenmenschen zum Edelmenschen empor.*

Erwachsene? - Pshaw!

Karl May, der Trivialautor: Bösewichter sind noch wirklich böse, und der richtige Westmann (nur *Greenhorns* sagen »Cowboy«) erkennt sie gleich bei der ersten Kontaktaufnahme an den *stechenden Augen.* Gute sind nur gut, aber bisweilen unbesonnen, besonders dann, wenn der Mann mit den eisernen Fäusten und sein roter Blutsbruder zu Rettungsmaßnahmen in der Nähe sind. Klare Regeln, keine Zweifel: so soll es sein! Sicherheit in einer immer unüberschaubarer gewordenen Welt, Orientierungshilfe, wo »antiautoritär« geschädigte Eltern Antworten verweigern und andere Erwachsene als Ansprechpartner sowieso unglaubwürdig sind. Oder sollten wir uns etwa Rat holen bei »Erwachsenen«, die *uns*

2 Als eine der kuriosesten Blüten der Karl-May-Forschung ging übrigens die Doktorarbeit eines Zahnmediziners in die Geschichte ein, der 1972 seine Dissertation dem Thema »Die Medizin in Karl Mays Amerika-Bänden« widmete.

nie um Rat fragten und auf jede *wirklich wichtige* Frage mit der trivialen Fluchtformel »Dazu bist du noch zu klein« auswichen? - Pshaw!

Karl May war ein Kind. Jedenfalls schrieb er so. Deshalb waren seine Helden auch alle groß und nicht so klein und winzig, wie wir täglich gemacht wurden. Auch von sogenannten »Jugendbuchautoren«, die uns zwar alle möglichen »tollen Streiche« ausführen ließen, aber unsere entscheidenden Fragen auch nicht beantworteten. Daß Winnetou sich im Laufe der Jahre in Jesus verwandelte und Old Shatterhand nicht nur ein germanischer Übermensch wurde, sondern auch ein vorlaut-arroganter Klugscheißer blieb, der den armen Sam Hawkens oft ganz schön blöd dastehen ließ, störte uns nicht. Klar: Sam Hawkens, dieser pfiffige Gnom mit dem second-hand-Skalp, war immer schon unser heimlicher Liebling und bester Kumpel. Doch Old Shatterhand - und noch lieber Winnetou - waren wir selbst! Und da konnte der Zaubertrank aus Kraft, Edelmut und Intelligenz gar nicht stark genug gebraut sein. Wenn Old Shatterhand von dummen Greenhorns unterschätzt wurde, geschah das uns; und wir erwarteten sehnsüchtig jede einzelne dieser vielen Szenen, auch wenn sie für den Fortgang der Story eigentlich überflüssig waren; denn wir wußten ja, wie sie enden würden: mit einem knock-out-Triumph über alle Erwachsenen, die *uns* verkannten.

»Redet nicht so dummes Zeug! Diese Kerle gehören uns, es sei denn, Ihr könnt uns sagen, wer der geheimnisvolle Mann gewesen ist, der sie besiegt hat und sich nun nicht sehen läßt.«

»Ich kann es sagen, und er versteckt sich nicht, sondern er läßt sich sehen, Mr. Parker.«

»Wo denn?«

»Hier.«

»So zeigt mir ihn doch!« forderte er mich auf, indem er lachend rundum blickte.

»Er liegt vor Euch, ich selbst bin es.«

»Ihr? Alle Wetter! Ihr wollt diese Roten überwältigt und gefesselt haben?!«

»Ja.«

»Diese Finte ist geradezu lächerlich! Mit ihr bewahrt Ihr die Halunken nicht vor dem Tod. Wenn Ihr es fertigbringt, auch nur einen einzigen Indianer wie diese hier im Kampf zu besiegen und bei lebendigem Leibe zu fesseln, so will ich niemals ein Westmann gewesen sein.«

»Well, *so seid Ihr keiner gewesen.«*

»Oho! So etwas fertigzubringen, dazu gehört die Kraft eines Old Shatterhand. Wollt Ihr behaupten, sie zu besitzen?«

»Behaupten nicht, aber beweisen. Paßt auf!«

Ich war während dieses Streits ruhig am Boden liegengeblieben; jetzt stand ich auf, griff ihn mit der rechten Hand beim Gürtel, schwang ihn mir einigemal um den Kopf, daß er laut aufschrie, stellte ihn dann wieder auf die Beine und fragte:

»Ist das genug, oder soll ich Euch zeigen, wie es ist, wenn ihr meine Faust auf den Schädel bekommt?«

Ehe er noch antworten konnte, rief einer der Gefangenen mit lauter Stimme: »Old Shatterhand! Das ist Old Shatterhand!«

Ein Verbrechen geschieht, die Helden schlängeln sich um den Fall herum, entdecken nach langer, gefahrvoller Odyssee die Täter, lassen sie noch einmal laufen, doch die erweisen sich der Chance unwürdig und begehen oder planen neue Greueltaten, womit ihr Schicksal besiegelt ist: Kampf, Gefangenschaft, Flucht, Verfolgung, Kampf, endgültiger Sieg über das Böse und zwischendurch viele neue Freundschaften - grundlegende Varianten bilden die Reiseerzählungen Karl Mays wirklich nicht. Und doch herrscht in ihnen eine extreme Spannung, obwohl jeder Leser von Beginn an das Ende und die zentralen Schritte dahin kennt. Die Überraschungen stecken im Detail; gerade weil die Gegenspieler einander ständig über den Weg laufen, wissen wir nie, wer *in der nächsten Runde* Sieger bleibt. May treibt sein Spiel mit unseren Vorahnungen, überlagert die zahlreichen Action-Momente immer wieder mit melancholisch-düsteren Anmerkungen, etwa wenn wir mehrfach darauf hingewiesen werden, daß wir uns mit jeder gierig verschlungenen Seite der »Winnetou«-Bände unausweichlich seiner Ermordung nähern. *Ich liebe ihn mehr als mich selbst,* beichtet Klekih-petra, der reuevolle Ex-Revolutionär, Old Shatterhand, *und wäre mir einmal das Glück beschieden, die tödliche Kugel, die ihm gelten soll, in meinem Herzen aufzufangen, so würde ich mit Freuden für ihn sterben.* Drei Seiten weiter legt ein weißer Tunichtgut wirklich sein Gewehr auf Winnetou an, *dieser stand im Augenblicke frei und ohne Deckung; die Kugel mußte ihn treffen, denn es geschah alles so schnell, daß ihn keine Bewegung retten konnte. Da schrie Klekih-petra voller Angst auf: »Weg, Winnetou, schnell weg!«* - und jeder Karl-May-Fan weiß, wie es weitergeht.

Mit Sherlock Holmes im Llano estakado

Regelrechte Krimi-Qualitäten entwickelt Karl May bei den zahlreichen Spurenfahndungen, besonders dann, wenn die Tatortsicherung in genialen Dialogen vermittelt wird wie in jener Szene im »Geist des Llano estakado«, in der die Snuffles einer Gruppe Greenhorns zu erklären versuchen, wie die Leiche eines Weißen und ein totes Indianerpferd mitten in die Prärie kamen:

»Was seht Ihr hier?« fragte er.

»Das ist Blut«, antwortete Gibson.

»Bemerkt Ihr weiter nichts?«

»Nein.«

»So habt Ihr freilich keine Kriminalistenaugen. Seht Euch einmal diesen kleinen Gegenstand an! Für was haltet Ihr ihn?«

Er nahm den betreffenden Gegenstand aus der Lache. Derselbe war klein, fast wie eine Münze breit gedrückt und zeigte trotz des an ihm klebenden Blutes einen matten, metallischen Glanz. Alle betrachteten ihn, und Gibson sagte:

»Das ist eine breitgedrückte Bleikugel.«

»Ja, und zwar diejenige, welche diesem Manne den Tod gebracht hat. Sie ist ihm genau durch das Herz gedrungen; also ist er augenblicklich tot und bewegungslos gewesen. Nun seht Euch einmal das trockene Hartgrasplätzchen hier neben dieser felsigen und blutigen Stelle an! Was seht Ihr da?«

»Das Gras ist niedergedrückt worden.«

»Wovon oder von wem?«

»Ja, wer soll das wissen!«

»Wir wissen es. Hier hat ein Mensch gelegen, und da nicht die mindeste Spur von Blut zu entdecken ist, so muß man annehmen, daß er unverwundet war. Hart daneben seht Ihr einen Strich im weichen Sandboden. Er ist oben breit und verengert sich nach unten. Womit ist dieser Strich wohl gemacht worden?«

»Vielleicht mit dem Stiefelabsatze.«

»O nein! Wenn Ihr die Stelle genau prüft, werdet Ihr sagen

müssen, daß hier von einem Stiefelabsatze nicht die Rede sein könne, sondern von einem Schuhwerke mit stumpfer Ferse, also einem Mokassin. Ihr seht den Eindruck nur eines Fußes, nicht aber den des anderen, obgleich der Boden sehr weich ist. Was folgt daraus?«

»Das weiß ich freilich nicht.«

»Der Betreffende hat sich hier in größter Eile niedergeworfen, so daß der zweite Fuß in der Luft schwebte und also gar keinen Eindruck im Sande machen konnte. Hätte der Betreffende Zeit gehabt, sich in aller Behaglichkeit hier auszustrecken, so müßte man unbedingt die Spuren beider Füße sehen. Es ist also mit voller Gewißheit anzunehmen, daß für ihn ein Grund vorhanden war, sich plötzlich hinzuwerfen. Und welche Ursache könnte das wohl sein?«

Der Advokat kratzte sich nachdenklich hinter dem Ohre.

»Sir«, sagte er, »ich muß zugeben, daß es uns unmöglich ist, Euch in Euren Vermutungen oder Berechnungen so schnell zu folgen.«

»Das beweist eben, daß ihr Greenhorns seid. Ich werde euch sagen, welcher Grund vorhanden war. ...«[3]

---

3 Im ungekürzten Original umfaßt diese Szene im besten Conan-Doyle-Stil mehr als zwölf Seiten. »Der Geist des Llano estakado« erschien als einziger Karl-May-Titel 1984 in der kleinen gelben Reclam-Universal-Bibliothek (Band 8235). Und wenn Herausgeber Bernhard Kosciuszko das Werk im Nachwort als »Mays bestes Jugendbuch« bezeichnet, kann ich ihm nur zustimmen. Old Shatterhand taucht erst ziemlich spät auf und bleibt einer von mehreren Heroen. So können sich zahlreiche Nebenfiguren wie die Snuffles oder das wandelnde Lexikon zum Mitdenken, Hobble-Frank, hier prachtvoll entwickeln. Der Plot ist für May ungewöhnlich vielfältig angelegt, der christliche Bekehrungswahn dezent, der spezielle Sachsen-Humor besonders grell eingearbeitet.

Was die beiden Snuffles dann auch tun. Nachdem sie den »Greenhorns« erklärt haben, daß zwei Indianer von Weißen verfolgt werden und sich angesichts der Übermacht in Gefahr befinden, ist für die Snuffles die Sache klar: den Indsmen muß schleunigst geholfen werden. Nicht so für die Diamantensucher aus dem Westen: Auf die Frage, was sie zu tun gedenken, antwortet der Anführer, ein Jurist (!): *»Gar nichts. Es handelt sich ja nur um Indianer.« - »Nur um Indianer?« fragte Jim. »Nur? Sind die Indsmen etwa keine Menschen?« - »Daß sie Menschen sind, bestreite ich ihnen nicht; aber sie stehen so tief unter uns, daß es eine Beleidigung wäre, uns mit ihnen verglichen zu sehen.«*

Karl May war bei weitem nicht der einzige Autor, der uns mit Krimi-Power vor exotischer Kulisse zu fesseln vermochte. Da gab es noch Jules Verne und Perry Rhodan, Jack London und Otfried Preußler, Robinson Crusoe und Kapitän Hornblower, die wir auch alle verschlangen. Doch was Karl May von allen anderen unterschied: er gab uns nicht nur *action* und Abenteuer-Romantik, sondern auch eine Haltung, einen Grund, uns zu empören. Mit Karl May wurden wir Zeugen eines Völkermordes, bei dem 50 Prozent unserer Helden (und da bei den meisten von uns die Filme prägender wirkten als die Bücher: die bedeutendere Hälfte) von den Angehörigen unserer eigenen »Rasse« ausgerottet wurden. *»Es kann uns gar nicht einfallen, einen Vergleich zwischen Euch und Ihnen zu ziehen. Sie stehen hoch, sehr hoch über Euch«*, entgegnet Tim Snuffle den Westlern. *»Die Weißen sind in das Land gekommen, um die eigentlichen Besitzer desselben, die Indianer, aus demselben zu verdrängen. Es sind Ströme von Blut und Brandy vergossen worden, unter denen der Nationenmord bewerkstelligt wurde. Gewalt, List,*

Betrug, Wortbrüchigkeit haben unausgesetzt daran gearbeitet, die Scharen, welche die Prairien bevölkerten, zu dezimieren. Man jagt sie von Ort zu Ort, von Station zu Station, von Territorium zu Territorium. Kaum hat man ihnen ein neues Gebiet angewiesen, auf welchem sie in Ruhe und Frieden leben dürfen sollen, so findet man irgend einen Grund, sie wieder auf- und fortzujagen. Man verkauft ihnen Schwerspat als Mehl, Kohlenstaub als Pulver, Kinderflinten als Bärenbüchsen. Wollen sie sich das nicht gefallen lassen, so nennt man sie Empörer und schießt sie in Masse nieder. Diese Armen haben nur die Wahl, entweder sich bis zur Stupidität bedrücken zu lassen oder bis zum letzten Lebenshauche gegen die vernichtende Habsucht der Eroberer zu kämpfen. Ergeben sie sich in ihr Schicksal, so nennt ihr sie stumpfsinnig und indolent. Wehren sie sich ihrer Haut, so heißt ihr sie Räuber und Mörder, welche man ohne Gnade und Barmherzigkeit ausrotten müsse. Es geht hier gerade wie unter den wilden Tieren zu: eins frißt das andere auf, und das stärkste sagt: »Ich habe recht!« Ich aber sage euch, Mesch'schurs, daß ich unter diesen Verachteten und Verfolgten Männer kennengelernt habe, von denen einer zehnmal mehr wert war als ihr alle sechs und noch hundert Dutzend eurer Art dazu.«

Wir waren kindliche Zeugen dieser gewaltigen *Ungerechtigkeit*, und deshalb der Empörung besonders fähig. Karl May machte uns zu Antirassisten, auch wenn wir es damals noch nicht so nannten: *»Wenn Ihr noch einmal sagt, daß die Indsmen verachtet werden müssen, so kann es leicht geschehen, daß meine alte Flinte losgeht, ohne mich vorher um Erlaubnis zu fragen. Wenn Ihr Euch mit solchen übermütigen*

Redensarten von außen um mich herumschlängelt, so könnt Ihr auf alles rechnen, nur auf meine Freundschaft nicht!«

Nicht wenige aus unserer Schulklasse begannen irgendwann, parallel zu May auch »andere« Berichte über die Lage der Indianer zu lesen: Dee Browns »Begrabt mein Herz an der Biegung des Flusses« wurde ein Bestseller, wir pilgerten in Konzerte von Cochise und quälten unsere Nachbarn mit den Raiders und »Indian Reservation« in der Endlosspur; wir schrieben uns die Finger wund, um in unseren Schülerzeitungen über das Massaker von Wounded Knee zu informieren, und ich investierte einen nicht geringen Teil des monatlichen Taschengeldes in den Bezug der Materialien des American Indian Movement. Erste Wurzeln eines antiamerikanischen Ressentiments wurden gesetzt.

Für Männer ab zehn war Karl May ein letzter Versuch, die Kindheit festzuhalten, die erste Woge von Schul- und Leistungsstreß, die allmählich überschwappende Realität des Alltags zurückzuwerfen. Aber ebenso eine tiefe Auseinandersetzung mit dieser Realität: mit gut und böse, Freundschaft und Habgier, Gewalt und Rassismus, in der altersgemäß totalitären, schattierungsfreien Schwarz-Weiß-Mentalität des Märchens.

Für Männer? »Was könnte einem Mädchen Geeigneteres begegnen unter möglichen Identifikationsfiguren als der Held des Wilden Westens?« meint jedenfalls die Berliner Sozialwissenschaftlerin Barbara Sichtermann. »Für Mädchen ist Karl May eine noch gedeihlichere Leseerfahrung als für Jungen, weil bei ihnen die Möglichkeit des Mit-dem-Geschlecht-Spielens hinzutreten (kann), also Raum zum Experimentieren gewonnen wird. Trüb sieht es für Jungen aus. Der

Mangel an hinreißenden Frauenfiguren verengt ihren Spiel-Raum. Hier produziert die Dialektik der Unterdrückung des weiblichen Geschlechts durch das männliche einen Nachteil für die Jungen.«[4]

Schwester May

Frauen spielen mit Ausnahme von Marah Durimeh nur Nebenrollen im Wilden Westen und geheimnisvollen Orient.[5]

---

4 Barbara Sichtermann: Die Mayschen Reiseerzählungen als Jugendlektüre. Überlegungen aus feministischer Sicht; in: Harald Eggebrecht (Hrsg.): Karl May - der sächsische Phantast. Studien zu Leben und Werk, Fischer Taschenbuch, Frankfurt 1987, S. 63 - 72.

5 Dennoch hat May in diesen Nebenrollen, die »häufig sehr viel offener die geheime Tendenz der Romane verdeutlichen« (Ueding), eine ganze Reihe interessanter Frauengestalten geschaffen: von der skrupellosmutigen Oberpiratin »Miß Admiral« im Frühwerk »Auf der See gefangen« oder der nicht minder bösartigen Judith Silberstein in »Satan und Ischariot«, die selbst Winnetou in vorchristliche Rage versetzt (*Man müßte sie töten, wie man eine Klapperschlange vernichtet*), über die beduinische Amazone Amscha und den ungewöhnlich zahlreichen Lebensretterinnen Kara Ben Nemsis im Orient-Zyklus bis zu den allegorischen Engeln im Spätwerk. Dümmlich-passive *Weibchen* finden sich bei May, dem damaligen (nur?) Zeitgeist zum Trotz, kaum. Allerdings geht May von einer »Arbeitsteilung« zwischen den grundsätzlich gleichberechtigten Geschlechtern aus: Männer sind rationale Machtmenschen, ihr Job ist der harte Lebenskampf; Frauen sind die Menschheits*seele*, sie stehen für (Nächsten-)Liebe, »Natürlichkeit« und nicht selten für Weisheit. Erst die Vereinigung beider Elemente ergibt den Idealzustand. Eine detaillierte Darstellung und Analyse Mayscher Frauengestalten wagten Werner Tippel und Hartmut Wörner: Frauen in Karl Mays Werk. Sonderheft 29 der Karl-May-Gesellschaft, Hamburg 1981, sowie Martin Lowsky: Über die Wandlung des Frauenbildes in Karl Mays Werk, in: Mitteilungen der Karl-May-Gesellschaft, Nr. 19 und 20, Hamburg 1974.

Die Helden sind Männer, vereint in Männerbünden. Durfte Karl Sternau, der Recke in Mays frühem Werk »Das Waldröschen«, seine große Liebe noch ehelichen, machen alle zukünftigen Helden des nun selbst unglücklich verheirateten Autors um das andere Geschlecht einen großen Bogen: *Ich traue keinem Menschen, einem Weibe am aller wenigsten. Sie alle sind falsch und heuchlerisch.* Rettet der Held in der Urfassung von »Old Firehand« dessen Tochter Ellen aus einer Brandkatastrophe, so ist in der für den Band »Winnetou II« bearbeiteten Neufassung des Abenteuers aus dem Prärie-Vamp *Ellen* ein *Harry* geworden. Und wenn doch einmal eine Nscho-tschi die schlagende Verbindung zu stören droht, wird sie eben würdevoll erschossen.

Die Zweierbeziehungen der Westmänner sind innig, aber gleichgeschlechtlich (Old Shatterhand & Winnetou, die Snuffles, Jemmy & Davy, Humply-Bill & Gunstick-Uncle), jedenfalls nicht heterosexuell. *Die Mary, die Liddy, Dick Stone und Will Parker, das sind die vier, die mir ans Herz gewachsen sind und außer denen ich nichts mag und nichts besitze auf der ganzen Welt*, erklärt Sam Hawkens, und der Eingeweihte weiß, daß Mary sein Maultier und Liddy ein Gewehr sind.

Doch zum Ausgleich für den »Frauenmangel« gab es ja Winnetou, diese *fehlerlose männliche Schönheit*, mit seinem *dunklen, samtweichen Auge - Wie oft hat es auf mir mit einer Liebe und Zärtlichkeit geruht, deren Licht man sonst nur in Frauenaugen zu finden pflegt!* - mit einer Stimme, *die, wenn er sprach, einen anlockenden, gutturalen Timbre* besaß, *welcher nur mit dem liebevollen, leisen, vor Zärtlichkeit vergehenden Glucksen einer Henne, die ihre Kücklein unter sich versammelt hat, verglichen werden kann,* die aber *im Zorne die Kraft eines Hammers* hatte.

Zornig erregt zeigt sich Winnetou nur bei unserer zweiten Begegnung, ein Mißverständnis: *Um das Gebüsch biegend, sah er mich bei seinem Vater knien, welcher wie leblos lag und mit Blut bespritzt war. Ich hätte Winnetou gern eine Erklärung gegeben; aber dies alles ging so schnell, daß gar keine Zeit zu einem Worte vorhanden war. Er lag von seitwärts her auf mir; es gelang mir eine Wendung; er wurde abgeschleudert, so daß er mit dem Vorderleibe die Erde berührte. Im nächsten Augenblick lag ich ihm so auf dem Rücken wie er vorher auf dem meinigen gelegen hatte. Er begann zu keuchen und keuchte immer stärker...*

Der Beginn einer großen Liebe. *Winnetou ergriff meine Hand und behielt sie in der seinigen, ohne lange Zeit ein Wort zu sagen, und ich hatte keine Veranlassung, die Stille zu unterbrechen.* »Wenn Ihnen ein Bekannter, oder Junge, von seinem 'Freunde' in Wendungen der obigen Art vorschwärmte, was würden Sie dann denken? —:!?!—: Sehr richtig; einverstanden.«, schließt Arno Schmidt, der Schelm, der in den sechziger Jahren eine große Leidenschaft für den Pornostar Winnetou entwickelte und seinen Schöpfer als heimlichen Homosexuellen outete.

Doch da irrte der literarische Ziehvater der bundesdeutschen Linksintellektuellen. Karl May war sowenig schwul wie der 1992 vor laufender Fernsehkamera rosa geschminkte Bärentöter-Sohn Götz George. »Winnetou ist für den Autor nicht Sexualobjekt, sondern stets 'nur' das Objekt der Sehnsucht nach dem idealen Gefährten«, stellte Walther Ilmer richtig. »Als ideale Lebensgefährtin enttäuschte ihn Emma, als Sexualpartnerin nicht.« Der isolierte Popstar brauchte nicht mehr oder anderen Sex, sondern einen Freund. Die Quelle der enormen erotischen Energie, die von Mays Freundschaftsszenarien ausstrahlt, entspringt der idealistischen Traumwelt eines nie erwachsen gewordenen Kindes, das sich weigert, die spießbürgerlichen Rollengrenzen der nachpubertären Zeit anzuerkennen, und trotzig weiter mit seinem eigenen Geschlechte spielt. Gerade diese nicht-sexuell gemeinte Vereinigungsphantasie Mays verschafft seinem Werk die Wirkung eines Aphrodisiakums. Daß die Paare stets nur männlich besetzt waren, störte nicht weiter. Man mußte nicht schwul sein, um die Botschaft zu verstehen und - auf seine eigene Liebeslage gemünzt - zu genießen: *Ich hatte während der letzten Tage so viel an Winnetou gedacht, daß er mir innerlich immer näher getreten war; er war mir wert geworden, ohne daß es seiner Gegenwart oder gar seiner Freundschaft dazu bedurft hatte, gewiß ein eigenartiger seelischer Vorgang, wenn auch nicht grad ein psychologisches Rätsel. Und sonderbar! Ich habe später von Winnetou erfahren, daß er damals ebenso oft an mich gedacht hat, wie ich an ihn!*

III. Der rothe Gentleman

»Das war Winnetou, der Häuptling der Apachen, der herrlichste der Indianer. Sein Name lebte in jedem Zelt, in jeder Blockhütte, an jedem Lagerfeuer. Gerecht, treu und klug, tapfer bis zur Verwegenheit, aufrichtig und ohne Falsch, ein Freund und Beschützer aller Hilfsbedürftigen, mochten sie weiß oder rot sein, aber ebenso ein Feind und strenger, unerbittlicher Gegner aller Ungerechten, so war er bekannt bei allen, die von ihm gehört oder ihn vielleicht gar gesehen hatten. Welch ein Glück, der Freund dieses Mannes zu sein!«

Karl May

»Winnetou, der Indianer schlechthin, die Inkarnation von Edelmenschlichkeit und Wild-West-Romantik, Leitfigur abenteuerlicher Jugendträume und Erinnerungssymbol desillusionierter Erwachsener« (Ueding), wurde 1867 im Gefängnis von Zwickau geboren. Doch dieser archaisch-wütende Ur-Winnetou, der erstmals 1875 in der Erzählung »Old Firehand« in Aktion tritt, »vermag kein wärmeres Gefühl in uns hervorzulocken«, klagt ein priesterlicher Karl-May-»Bearbeiter« 1921 im Tonfall seiner Zeit; dazu sei er »zu unkultiviert, zu sehr Indianer (!), zu sehr ein - Wilder, als daß er unserem zivilisierten Empfinden genügen könnte«.

Der Ur-Winnetou ist schon älteren Jahrgangs, erfreut sich einer unchristlichen Militanz, raucht Zigarren *und läßt dann ihren Stummel zwischen den Lippen verschwinden*, und pflegt auch noch weitere recht garstige Angewohnheiten - zum Beispiel das Skalpieren von bewußtlosen Opfern: *Sofort kniete Winnetou über dem Besinnungslosen, senkte ihm das Messer in die Brust, faßte mit der Linken das reiche dunkle Haar zusammen - drei Schnitte, kunstgerecht geführt - ein kräftiger Ruck - und der Skalp war gelöst. Er schwang ihn hoch um den Kopf und ließ jenen fürchterlichen Siegesruf hören, welcher Mark und Bein erschütternd auf die Gegner zu wirken pflegt.* Dementsprechend unterscheidet sich der rüde Krieger auch in seinem Outfit vom späteren Edelmenschen: *Seine breiten Schultern und seine starke Brust waren nackt und von zahlreichen Narben bedeckt. Eine kurze prächtig gegerbte Wildlederhose legte sich eng um seine muskulösen Oberschenkel und war an den Seiten mit den Skalplocken getöteter Feinde geschmückt. Gamaschen von scharlachrotem Tuch bedeckten seine Unterschenkel; Kniebänder, von Menschenhaar geflochten, das jedenfalls auch von den Skalpen der Feinde stammte, und aus Stachelschweinsborsten gefertigte Eicheln umschlossen über den Knöcheln und unterhalb der Knie diese Gamaschen.* Doch der entscheidende, unverzeihliche Fehler des frühen Winnetou war ein anderer: Er ließ sich einfach von befeindeten Indsmen töten. Daß er später noch mehr als ein Dutzend voluminöser Bücher füllen würde, ahnte er da wohl noch nicht.

Der wahre Winnetou

Der wahre Winnetou ist geboren am 6. Februar 1929, gestorben den 25. August 1991. Denn Winnetou ist nur einer, kann nur einer sein: Pierre Brice. Weder sein Schöpfer noch Old Shatterhand hingen in unseren Zimmern als »Bravo«-Poster an der Tür, sondern Er. *Ihn* wählten wir neun Jahre lang zum »goldenen Otto« (und nur ein einziges Mal Sexy-Lexy). *Seine* Bilder klebten wir in unsere Sammelalben, *er* lächelte uns melancholisch von Schlafanzügen, T-Shirts und sogar Unterhosen entgegen.

Dabei wäre es fast ein anderer geworden, damals, vor nunmehr dreißig Jahren, als der Produzent Horst Wendlandt für sein Filmprojekt »Der Schatz im Silbersee« noch einen Oberindianer suchte. Doch Horst Buchholz hatte nach »Die glorreichen Sieben« erst einmal genug vom Wilden Westen, »Dracula« Christopher Lee fiel bei den Probeaufnahmen durch, und Heinz Ingo Hilgers, Winnetou-Darsteller in Bad Segeberg, erhielt die Einladung zum Vorsprechtermin nicht ausgehändigt: Man fürchtete wohl im hohen Norden um seinen Star. Wie gut er gewesen sein muß, zeigte sich im Premierenjahr 1962: da mußte Hilgers bei der Fernsehübertragung der Bad Segeberger Festspiele in die Nebenrolle des Wohkadeh schlüpfen - Filmproduzent Wendlandt hatte interveniert - aus Angst, Hilgers könnte seinem Film-Winnetou die Show stehlen.

Doch »Der Schatz im Silbersee« wurde einer der größten Kassenschlager seit Ende des Zweiten Weltkrieges - und damit die Rettung des deutschen Kinos, das spätestens mit der Geburtsstunde des Fernsehens in arge Bedrängnis geraten war. Schon 1959 passierten knapp hundert Millionen Besucher weniger als im Jahr zuvor die Kartenabreißer; und die, die noch kamen, sahen sich vor allem ausländische Filme an. 1961 erregte eine spektakuläre Entscheidung der Bundesfilmpreis-Jury Aufsehen: kein einziger Spielfilm, kein Regisseur und kein Drehbuchautor wurden ausgezeichnet. Und die Filmfestspielleitung von Venedig schickte im selben

Jahr alle fünf aus Deutschland eingesandten Beiträge als unbrauchbar zurück. 1962 kamen nur noch 64 deutsche Filme in die Kinos, und die berühmte Berliner UFA-Filmproduktion ging pleite. »Made in Germany« - ein Markenzeichen wurde zum Schimpfwort.

Als Horst Wendlandt in dieser Situation seinen Plan verkündete, für zwei Millionen Mark (später wurden es sogar 3,5 Millionen) einen Karl May zu verfilmen, galt er in der Branche als toter Mann. Doch Wendlandt hatte Glück und Geschick: Mit »Der Schatz am Silbersee« wählte er die nach »Winnetou« populärste Erzählung Mays aus (damalige Auflage: 1,2 Millionen), deren Urheberrechtsschutz auch noch gerade - wie kostengünstig - erloschen war. Und - ein im Nachhinein genialer Schachzug - statt an den teuren und durch diverse Hollywood-Western längst zum Klischee gewordenen Schauplätzen in den USA zu drehen, ging Wendlandt nach Jugoslawien.

Noch bevor Wendlandt seinen Winnetou fand, hatte er die Rolle des deutschen Greenhorns mit einem Topstar besetzt: Lex Barker. Der 1,93 Meter große Bankierssohn war seine Rolle als »Tarzan« leid und nach Italien übergesiedelt, wo er in diversen Piratenfilmen mitwirkte, aber auch in Fellinis »La dolce vita« den Lover der Ekberg darstellte. In Rom lernte er den Berliner Produzenten Artur Brauner kennen, der ihn sofort als FBI-Agent Joe Como auf die Jagd nach Dr. Mabuse schickte. »Barker war der Typ eines Filmschauspielers, wie er in Deutschland selten vorkommt«, erinnert sich Brauner in seiner Autobiographie, »männlich und doch sensibel, Liebhaber und Rauhbein zugleich, Bizeps, aber auch Hirn, ein Draufgänger und doch kein Dummkopf«.

Als Regisseur engagierte Wendlandt den promovierten Juristen (späte Rache an Karl May?) Harald Reinl (1908 - 1986), der sein Handwerk in den vierziger Jahren bei Hitlers Lieblingsregisseurin Leni Riefenstahl gelernt hatte und ab '49 mit Heimatfilmen und Liebesschnulzen wie »Die Zwillinge vom Zillertal« und »Almenrausch und Edelweiß« das deutsche Gemüt wiederaufbaute, sich während der Phase der Remilitarisierung auf geschichtsfälschende Kriegsfilme spezialisierte (»Solange Du lebst«, »U 47 - Kapitänleutnant Prien«) und ab 1959 mit Edgar Wallace und Karl May zum Goldesel der deutschen Filmbranche avancierte.

Mitverantwortlich für den großen Erfolg dürfte auch ein junger Mann gewesen sein, der seine Karriere als Gitarrist beim NDR-Unterhaltungsorchester begann: Martin Böttcher. Wohl kaum ein anderer Komponist schaffte es bis heute, derart Pawlowsche Reflexe mit seiner Musik auszulösen. Böttchers Filmkompositionen wurden zum ersten deutschen Soundtrackalbum überhaupt, allein die Titelmelodie von »Der Schatz im Silbersee« hielt sich vier Monate auf Platz 1 der deutschen Single-Charts - eine absolute Sensation, erst recht für eine Instrumentalnummer.

Nach dem Riesenerfolg von »Der Schatz im Silbersee« - mehr als drei Millionen Zuschauer im Erstdurchlauf, Export in sechzig Länder sowie eine Präsentation bei den Moskauer Filmfestspielen - folgten unvermeidlich 17 weitere Filme »nach Motiven von Karl May« in den nächsten sechs Jahren, darunter zehn mit Pierre Brice und elf mit Lex Barker. Gleich in »Winnetou I« (1963) durfte sich der Häuptling von seinem weißen Blutsbruder, dem Hollywoodstar, emanzipieren und, im Gegensatz zur Romanvorlage, die Führungsrolle übernehmen. Natürlich wurde »Winnetou I« wie sein Nachfolger

»Winnetou II« (1964) zum Umsatzrenner der Saison. Doch auch auf den nächsten Plätzen standen May-Filme: Neben Wendlandts »Unter Geiern« zwei Produktionen von Artur Brauner. Der Filmtycoon hatte Morgenluft gewittert und schnell versucht, auf den fahrenden Goldtransporter aufzuspringen. Zunächst war es Brauner sogar gelungen, für »Old Shatterhand« (1964) die komplette Starriege einzukaufen. Doch Wendlandt reagierte sofort, indem er Brice und Barker als Winnetou und Old Shatterhand exclusiv verpflichtete. Brauner engagierte daraufhin Lex Barker als Kara Ben Nemsi (und Sam Hawkens-Wolter als Hadschi Halef Omar) und produzierte mit Regisseur Robert Siodmak »Der Schut« (1964).

»Der Schut« wurde einer der letzten halbwegs werkgerechten und qualitativ gelungenen May-Filme. Doch spätestens 1964 hatte der von May so häufig beschriebene Nuggetrausch die feindlichen Zwillinge erfaßt. Bis zu vier neue Folgen wurden nun alljährlich von Brauner und Wendlandt in Auftrag gegeben. Da die Stars Lex Barker und Pierre Brice aufgrund ihrer gigantischen Popularität nebenbei noch andere Filme drehten, ergaben sich daraus immer mehr Probleme: So mußte Wendlandt für »Unter Geiern« (1964) auf Lex Barker verzichten, denn der stand gerade bei Brauners Zweiteiler »Der Schatz der Azteken«/»Die Pyramide des Sonnengottes« vor der Kamera. Kurzerhand ersetzte er Old Shatterhand durch Surehand, der im Buch gar nicht vorkommt, und engagierte für dessen Rolle den Westernerfahrenen Hollywood-Haudegen Stewart Granger. Doch das Publikum wandte sich entsetzt ab: ein Westmann, der stets ironisch-coole Kommentare von sich gab, vor dessen Gags selbst der edle Apachen-Häuptling nicht sicher war, das paßte nicht ins heroische Ambiente. Für den Humor waren andere zuständig, aber lächelnde Helden - niemals! Als sich herumsprach, daß in »Old Surehand«, Grangers drittem May-Engagement, zunächst noch optimistisch als »Old Surehand I« angekündigt, Winnetou erst nach vierzig Minuten und nur recht kurz vor die Kamera reiten durfte, blieb das Publikum zu Hause, und Stewart Granger wurde zu Edgar Wallace abgeschoben.

Die Umsatzeinbrüche hatten entsprechende Konsequenzen: Bei der Produktion wurde gespart, wo es nur ging, die Handlung wurde action-orientierter (»Winnetou und das Halbblut Apanatschi« erhielt sogar wegen der diversen Gewaltszenen in der Schweiz ein Jugendverbot), der Humor noch platter (Chris Howland!). Immer häufiger wurden aufwendige Szenen einfach aus anderen Filmen übernommen: Ein Großteil des Lokalkolorits in »Die Pyramide des Sonnengottes« stammt aus dem '58er Dokumentarfilm »Traumstraße der Welt« von Hans Domnick, »Der Ölprinz« sprengt noch einmal die Ölquelle aus »Winnetou II« in die Luft, in »Winnetou und das Halbblut Apanatschi« (der unsäglichste Streifen der ganzen Serie) stürmen statt Kiowas Apachen unter Führung von Winnetous Vater Intschu-tschuna auf Rocky Town los - um die Kosten für eine neue Massenszene zu sparen, montierte Regisseur Harald Philipp die »ähnliche« Szene aus »Winnetou I« ein; und die genialen Büffeljagden stammen sowieso allesamt aus dem alten Stewart Granger-Western »The Last Hunt« von Richard Brooks.

Um auch das männliche Publikum verstärkt ins Kino zu locken, wurden zunehmend Schauspielerinnen eingefügt, deren Rollen in Mays Vorlagen nicht vorkamen und die in den Filmen auch wenig mehr zu tun haben, als dekorativ ihre weiblichen Reize zu demonstrieren. So erobert in »Old Shatterhand« die junge Pariserin Letitia Roman den Wilden Westen, die gerade erst durch die Titelrolle in Russ Meyers Streifen »Fanny Hill« auf sich aufmerksam gemacht hatte. Aber der absolute »Höhepunkt« deutscher Filmkultur wurde die 21jährige Uschi Glas als Apanatschi. Wendlandt hatte die Münchener Sekretärin »entdeckt« und war so beeindruckt, daß er sie zum großen Star aufbauen wollte. Da machte es auch nichts, daß ihre bajuwarische Aussprache für grenzüberschreitende Filme nicht recht geeignet war und zu einer Indianerin schon gar nicht paßte: wurde sie eben einfach synchronisiert.

Mit dem Original-May hatten die Filme von Jahr zu Jahr weniger gemeinsam: Orientierten sich die beiden ersten Reinl-Produktionen »Der Schatz im Silbersee« und »Winnetou I« sowie Siodmaks »Der Schut« noch weitgehend an den literarischen Vorlagen, so wird bereits in »Winnetou II« der May-Stoff (allerdings recht glücklich und atmosphärisch sicher) komplett neu gemischt und die zentrale Figur des Ribanna-Lovers Old Firehand durch einen Leutnant Merril (Terence Hill) ersetzt, der nun die schöne Häuptlingstocher unter pazifistischem Vorwand ehelichen darf. Artur Brauners erste Produktion »Old Shatterhand« übernimmt außer dem Namen nur lose einige Motive aus diversen May-Werken. So versucht das sechsköpfige (!) Drehbuchautorengespann vergeblich, mit dem Opfertod des Winnetou angedichteten Adoptivsohns Tujunga an die lukrativen Tränenfluten der Konkurrenz von »Winnetou I« anzuknüpfen. »Winnetou III« hat mit dem Roman gerade noch den Tod des Titelhelden gemeinsam (im Film allerdings durch einen weißen Schurken), die folgenden Episoden von »Old Surehand«, »Winnetou und das Halbblut Apanatschi«, »Winnetou und sein Freund Old Firehand« und »Winnetou und Shatterhand im Tal der Toten« erinnern nur durch die zugkräftigen Namen der Helden an Karl May. Letzterer, ein Remake vom »Schatz im Silbersee«, kann die Talfahrt nicht mehr stoppen. Um Geld für Kopien zu sparen, startet er nicht einmal mehr bundesweit, sondern tingelt etappenweise zwischen Weihnachten ’68 und Pfingsten ’69 durch die Kinos.

Die Zeiten haben sich gewandelt; nicht nur Konrad Adenauer ist tot. Straßenschlachten in Paris, Randale in Tokio, Rom, Kopenhagen. Die neuen Idole heißen Dutschke, Lennon, Jagger und Zappa. Das Tal der Toten liegt in Vietnam, die Santers der sechziger Jahre heißen Kurras und Bachmann. Und die besseren Western kommen längst aus Italien. Wen interessiert da noch »Filmgefummel, das nach Karl May sich nennt...«

Doch schon acht Jahre später erlebt Pierre Brice, der ohnehin nichts anderes mehr darstellen konnte, sein Comeback: Jochen Bludau, Leiter und Old Shatterhand der Karl-May-Festspiele im bis dato unbekannten sauerländischen Städtchen Elspe, engagiert den französischen Beau für den »Ölprinz«. 360.000 Zuschauer kommen, und Pierre Brice bleibt. Bis 1986. Da ist er bereits 57 Jahre alt, und man traut ihm wohl nicht mehr so recht viel zu. Bludau beschließt, auf einen Jüngeren umzusatteln; Winnetou wird arbeitslos. Die norddeutsche Konkurrenz greift hämisch zu - und bringt es immerhin in der Spitzensaison 1991 auch auf 315.000 Besucher. Ein historisches Ereignis: Der letzte Auftritt Winnetous.

Winnetou, Bad Segeberg

Familien mit Kindern, ältere Ehepaare, ein VfL-Wolfsburg-Fanclub, der später seine Begeisterung mit la-Ola-Wellen demonstrieren wird, komplette Schulklassen waren angereist, um ihn ein letztes Mal live zu erleben. Roncalli-Stimmung gleich am Eingang. Indsmen malen rote Nasen, eine Fernsehillustrierte verteilt bunte Fähnchen. Vor den Souvenirständen bilden sich fast so lange Schlangen wie an der Bierhalle. Im Angebot: T-Shirts, Schirme, Krawatten, Lineale und Uhren mit Winnetou-Signet, »Original-Indianerschmuck« und Schmetterlingsfangnetze, winzige Winnetou-Pappfiguren für 14,95 Mark, der große Jubiläumsbildband für 65 Mark. Wenn die einst von Joseph Goebbels als »Thingstätte der Nordmark« eröffnete Freilichtbühne am 25. August ihre 40. Saison beendet und die Touristenflut wieder abebbt, werden sich etwa zehn Millionen Mark in den privaten und öffentlich-rechtlichen Netzen des Kurortes verfangen haben.

Nicht wenige der Winnetou-Fans kommen aus der Ex-DDR. 65 Mark hat ein Familienvater aus Dresden für seine vier Karten bezahlt. *Er* ist verantwortlich dafür, daß viele Sachsen sich Karl May lieber im fernen Westen ansehen als vor ihrer Haustür. »In Rathen haben wir eben keinen Winnetou«, erklärt Vati. Das stimmt zwar eigentlich nicht, und schon sechs Monate später werden die »DDR«-Fans von der Meldung aufgeschreckt, daß ihr eigener Oberindianer, der auch schon 52jährige Jugoslawe Gojko Mitic, zukünftig in Bad Segeberg gemeinsam mit Old Surehand Bösewichter verprügeln darf, doch '91 herrscht noch Optimismus vor. »Der verlängert noch ein Jahr.«

Winnetou ist Pierre Brice, und Pierre Brice ist Winnetou. Da mag der inzwischen 62jährige Offizierssohn mit den grünblauen Augen noch so häufig gemeinsam mit Gaullistenchef Jaques Chirac gar nicht Winnetou-like die »Eindämmung des Einwandererstromes« als Maßnahme gegen die jugendlichen *riots* in den französischen Vorstadtghettos fordern; da mag er auf Journalistenfragen nach den Aktivitäten seiner ebenfalls schauspielernden Frau Hella Krekel chauvimäßig erklären, sie kümmere sich um ihn, das sei »genug Aufgabe« für eine Frau... - Sobald er zu den Klängen der Winnetou-Melodie auf seinem schwarzen Hengst Iltschi, inmitten sich langsam lichtender Nebelwolken über uns schwebt und von der großen Völkerfreundschaft, vom »Frieden unter den Menschen, gleich welcher Hautfarbe«, zu erzählen beginnt, ist alles andere unwichtig, verziehen, vergessen. Dann ist er nicht mehr der Ex-Schreibmaschinenvertreter und Kriegsfreiwillige von Algier und Saigon, nicht mehr der in seiner Heimat kaum bekannte Schauspieler, der Dutzende von mittelmäßigen Krimis und Seifenopern wie »Die Hütte am See« verbrochen hat, sondern nur noch *Er*: Winnetou, Held unserer Jugend, Traumgefährte unserer nächtlichen Kämpfe gegen alle bösen Geister dieser Welt, die nicht selten die Gesichter unseres Mathe- oder Deutschlehrers annahmen.

Doch im Gegensatz zu den Hoffnungen seiner Fans erschreckten schon Wochen vor der Premiere Gerüchte die Pilgergemeinde: Dies wird *seine* letzte Saison. Am 25. August 1991 will er endgültig aus dem Sattel steigen. Nichts könne ihn mehr umstimmen. Weder halbstündige Sprechchöre aus 8.000 frustrierten Kehlen, noch Telegramme von Sektfabrikanten und Kultusministern, weder rührende, an »Winnetou, Bad Segeberg« adressierte Kinderbriefe, noch

Von wegen - »Ein Indianer kennt keinen Schmerz«... Nachdem er dem Häuptling drei Tage vor der Premiere »Blutsbrüderschaft« auf Braunbärenart anbot, war er der eigentliche Held von Bad Segeberg '91: Charly, 18 kg schwer, sieben Monate jung. Foto: dpa die 30.000 Unterschriften der Bürgeraktion »Winnetou darf nicht sterben«, die ihn in der letzten Saison erreichten, als er die Nation zum ersten Mal mit einem Rücktrittsgesuch erschütterte. Soviel Verzweiflung hatte niemand mehr ausgelöst, seit Uwe Seeler verkündete, seine Fußballstiefel in südlicheren Gefilden an den Nagel zu hängen. Doch nachdem sogar ein leibhaftiger Stellvertreter Gottes ihn innigst anflehte, blieb Uns-Uwe keine andere Möglichkeit, als sichtlich gerührt seinen Vertrag beim HSV zu verlängern. Und so beugte sich anno '90 auch Winnetou dem Druck des Volkes, zumal die Festspielleitung ihrem Kassenmagneten das Ausharren in der Fremde mit einer ordentlichen Gehaltsaufstockung zu erleichtern versprach.

Denn allein sein Engagement hatte die zu 79 Prozent stadteigene Kalkberg GmbH 1988 aus der Talsohle geführt. Innerhalb von drei Jahren verdoppelte sich der Kartenverkauf, die Anzahl der Vorstellungen konnte von 47 auf 58 hochgeschraubt werden. »Pierre Brice als Winnetou - das geht so lange gut, wie er die Friedenspfeife halten kann«, prophezeite das »Hamburger Abendblatt«.

1991 sollte es noch einmal recht behalten. Doch damit stellte sich ein neues Problem: Was sollte er bloß aufführen? Hatte er doch gerade erst mit »Winnetous letzter Kampf« den edlen Häuptling prachtvoll in Manitous ewige Jagdgründe übersiedelt. Aber was einst dem alten Sachsen gelang, konnte er schon lange. Ein Griff in die Trickkiste brachte die Lösung: »Winnetou - das Vermächtnis«, Buch und Regie: Pierre Brice »frei nach Karl May«, beginnt mit einem toten Winnetou. Doch Sam Hawkens, endlich so alt und kurzatmig, wie er vor dreißig Jahren schon sein sollte, übernimmt in den folgenden zwei Stunden gerne die Aufgabe, einer bunten, multikulturellen Kinderschar die wichtigsten Lebensstationen des Apachen zu vermitteln. Winnetou ist tot - es lebe Winnetou! Wo im Fernsehen sanft das Bild zur Rückblende verschwimmt, entströmen den Bad Segeberger Naturfelsen dampfende Nebelfontänen, und all die Highlights vergangener Jahre passieren noch einmal vor unseren Augen Revue: die erste Begegnung unseres Helden mit dem blonden Greenhorn aus Germany, das feierliche Gelöbnis der Blutsbrüderschaft, der gemeinsame Kampf gegen böse weiße Schurken und böse, aber verführte Indianer... Feuerwerk, Kaskadeure, brillante Stunt-Zweikämpfe über wild züngelnden Flammenmeeren. 36.000 Schuß Munition verhallen, 145 kg Schminke verlaufen auf schwitzenden Gesichtern von 108 Darstellern. Jede einzelne Szene ein Kunstwerk - doch in der bloßen, willkürlich in einen dürftigen Rahmen gegossenen Aneinanderreihung nur sinnloses Nummernkabarett mit peinlichen Stilblüten.

»Das Publikum will nicht Rambo. Der Golfkrieg hat uns in diesem Jahr genug Gewalt in das Wohnzimmer gebracht«, diktiert Winnetou den Journalisten während einer Pause ins Mikro. »Freundschaft, Freiheit, Menschenrechte, Würde. Das sind nicht nur Winnetous Werte, sondern auch die von Pierre Brice.« Und: »Auch die Bösen werden gut. Das ist meine Philosophie.« Aber wer will schon »Aufhören!« schreien, wenn die ersten Tränen der Rührung fließen, als Old Shatterhand am Grabe Winnetous verkündet: »Von nun an werden wir für den Frieden kämpfen. Das war sein letzter Wunsch.« Wer will schon griesgrämig von »Kitsch« bramarbasieren, wenn Abend für Abend rund 6.000 Menschen mitjubeln, lachen oder weinen, als die Immer-schon-Guten gemeinsam mit den bekehrten Bösen vor der weiß-blau beflaggten Bürgermeisterei zu bayerischer Volksmusik fingerhakeln. »Winnetou, wir sind verrückt nach Dir!« schreit ein vielleicht zehnjähriger Knirps mitten in eine ruhige Szene hinein, und da muß selbst Pierre Brice, der kühle Routinier, kurz lächeln. Und schließlich das Grande Finale, das alle Fans wider besseres Wissen noch einmal mit Hoffnung erfüllt: Während die Siedler sich mit ihren roten Freunden zum Tanz der Geister vereinen, steigt plötzlich erneut Nebel auf, die Winnetou-Melodie ertönt, und die Stimme des Medizinmannes geht bereits in den Jubelrufen des Publikums unter, als er erklärt, was alle in diesem Augenblick schon wissen: »Hört ihr das Galoppieren dieses Pferdes? Nur *ein* Pferd galoppiert so! Das Pferd Winnetous: Iltschi! Ich wußte es, er kommt zu uns zurück!«

IV. Karl May & die Nazis

> »Dieses pazifistische Vorbild Karl May, das sich durch Verhöhnung der Rassenidee, durch Anfeindung völkischer Ausdehnungsbestrebungen, insbesondere des Kolonialimperialismus, abzurunden suchte, paßte vielleicht zum defaitistischen Pazifismus und den Völkerversöhnungs- und Völkerbundsgedanken der Systemzeit, aber in der geistigen und weltanschaulichen Umwelt des Dritten Reiches wirkt (es) wie ein grimmiger Popanz. Wie kann man unsere Jugend zum kolonialen Gedanken erziehen, wenn man ihr Bücher empfiehlt, in denen gegen Imperialismus, Gewaltpolitik, Machtstaat usw. in der gehässigsten Weise losgezogen wird? Mays Helden ziehen immer als Anwälte für Gerechtigkeit und Frieden durch die Welt, kämpfen nicht aus echter Kampfgesinnung heraus...«

Dieses Zitat stammt aus einer elfseitigen Eingabe an Goebbels' Ministerium für Volksaufklärung und Propaganda vom 20. Juli 1938. Es war und blieb nicht der einzige Versuch des Frankfurter Lehrers Wilhelm Fronemann (1880-1953), ein Verbot Karl Mays zu erwirken. »Haben wir nicht unsere Schülerbüchereien von Juden, Pazifisten, Marxisten und sonst allem Undeutschen gereinigt? Ich halte es an der Zeit, daß die deutsche Jugendliteratur endlich auch von Karl May gereinigt werde. Karl May paßt zum Nationalsozialismus wie die Faust aufs Auge!«[6]

Karl May wird nicht verboten, sondern weiterhin in hohen Auflagen gedruckt. Ein Grund mag die bekannte Liebe des »Größten Führers aller Zeiten« gewesen sein (»Ich halte von dem Karl May sehr viel«), ein gewichtigerer sicherlich die bereits erreichte Verbreitung, die ein Verbot sinnlos erscheinen ließ. Sieben Millionen grüne Bände stehen Mitte der dreißiger Jahre in deutschen Haushalten; Karl May »ist bereits so populär, gehört so zur kulturellen Tradition, vor allem auch zur Kinder- und Jugendlichenkultur, fast eine nationalliterarische Institution wie Goethe und Schiller, daß es auch für die Faschisten, selbst wenn sie es anders gewollt hätten, nur die Möglichkeit gab, die Rezeption zu lenken, nicht aber, sie vollständig zu unterdrücken«, stellt die Frankfurter Literatursoziologin Herta Geyer-Ryan in ihrer Untersuchung »Karl May im Dritten Reich« fest.[7] »Ihn schützt, was ihn aktuell politisch neutralisiert und dadurch auch diskriminiert hat, je nach gängiger Tageslosung: daß er nämlich eigentlich ein Schriftsteller des 19. Jahrhunderts sei und schon tot, daß er also zur Literaturgeschichte gehöre. Die Gleichschaltung von Kunst und Literatur betrifft vor allem die Generationen, die hauptsächlich um und ab 1900 produzieren.«

---

6 Der Leipziger May-Biograph Christian Heermann zitiert Fronemann in seinem Beitrag »Für wen ritt Old Shatterhand? Karl May im Speerfeuer der Diktaturen« in: Wochenpost Nr. 25 vom 12. Juni 1991.

7 In: Harald Eggebrecht (Hrsg.): Karl May - der sächsische Phantast. Studien zu Leben und Werk. Fischer Taschenbuch, Frankfurt 1987, S. 250ff

Bücherverbrennungen sind uneffektiv, das wissen die Verantwortlichen, eine ohnmächtige Anti-Reaktion zur öffentlichen Stigmatisierung der *unerwünschten* Literatur. Doch Lesen ist ein höchst privater, nicht kontrollierbarer Vorgang; wer »umerziehen« will, also in die Köpfe der Menschen hinein muß, dem nutzen Totalverbote wenig: Im schlimmsten Fall verweigern die Untertanen das Lesen überhaupt und damit auch die Aufnahme der *erwünschten* Literatur. »Hier muß besonders vorsichtig gearbeitet werden, damit der grundsätzlich vorhandene Lesewille nicht einfach zerstört, sondern in langsamer Heraufbildung zu den Zielen geleitet wird, die den maßgebenden Stellen vorschweben«, heißt es im »Börsenblatt für den Deutschen Buchhandel« in einer Debatte, die am Tag nach der Unterzeichnung der Anordnung »zur Förderung guter Unterhaltungsliteratur« durch die Reichsschrifttumkammer vom 24. Juli 1935 begonnen wurde. »Auf diesem Neuland der Seele, auf das eine künftige Lesergeneration erst schrittweise zu führen ist, sind keine sprunghaften Eroberungen möglich.« Im Klartext: May ließe sich erst dann verbieten, wenn es geeignete »nationale« Alternativen gäbe. Doch die sind nicht in Sicht.

»Die Stellung des NS-Regimes zu Karl May war zwiespältig. Man wollte sich seine Popularität nutzbar machen, schreckte aber vor seiner Haltung zurück« (Roxin). So verfolgte es eine zweigeteilte Strategie; zum einen wird der Kultstatus des Autors möglichst niedrig gehängt (selbst zu zentralen Gedenktagen wie dem 25. Todestag 1937 und dem 100. Geburtstag 1942 erscheinen nur kurze Meldungen) und Engagement für den verfemten Sachsen unterdrückt. So wird der von Fans im September 1942 versuchsweise gegründete Deutsche Karl-May-Bund von der Gestapo als »staatsfeindlich« aufgelöst. Verheerender wirkt sich das Mißfallen der Nazis für die Mitwirkenden an dem Karl-May-Spielfilm »Durch die Wüste« aus. Das mit großem Aufwand an den Originalschauplätzen in Ägypten gedrehte Werk erlebt zwar am 20. Februar 1936 im Dresdener Prinzeß-Theater seine Uraufführung und ab März mehrere sensationell erfolgreiche Vorführstaffeln (allein in Berlin zeigen es gleichzeitig 23 Kinos), doch für die meisten Beteiligten wurde es ihr letzter Auftritt in Nazi-Deutschland: Drehbuchautor Carl Junghans emigriert nach einem weiteren Fauxpas mit einer Fallada-Verfilmung in die USA, Regisseur Johann A. Hübler-Kahla, der vor Karl May mit Topstars wie Hans Moser, Victor de Kowa oder Brigitte Horney gearbeitet hatte, dreht seinen nächsten Film erst 1946, Kara Ben Nemsi-Darsteller Fred Raupach wird an die Front geschickt und fällt dort 1942.

Zum anderen wird Mays Werk so weit wie möglich umgedeutet und vereinnahmt. »Der Gedanke, das Werk eines Dichters nach seinem Tode verbessern zu wollen, liegt uns fern«, läßt der stellvertretende Hauptschriftleiter Wilhelm Stölting verlauten. »Karl May aber ist kein Dichter.«

Damit rennen die Nationalsozialisten beim Karl-May-Verlag offene Türen ein, hatte sich Verleger E.A. Schmid doch schon 1916 zum Lebensziel erkoren, in Mays Erbe »in jeder Hinsicht Ordnung und Einheitlichkeit zu schaffen«. Eine verheerende Rolle spielt in diesem Zusammenhang Karl Mays zweite Ehefrau Klara, die aus ihrer Sympathie für die Nazis keinen Hehl machte und 1938 sogar den May-Verleger drängte, ausgerechnet in Mays engagiert-pazifistischem Spätwerk »Und Friede auf Erden!« »den Führer Adolf Hitler zum idealen Friedensverkörperer zu machen, das Kreuz von Raffley-Castle im Licht der Sonne zu einem

Hakenkreuz umzuformen und auf die Rassenmischung am Schluß völlig zu verzichten«.[8] Der Verlag weigerte sich, und das Werk hatte fortan als »vergriffen« zu gelten. Trauriger Höhepunkt: als die Feierlichkeiten zum 100. Geburtstag Karl Mays daran zu scheitern drohen, daß in der gemeinsamen Gruft auch zwei »Halbjuden« - Klaras erster Ehemann und May-Freund Richard Plöhn und ihre Mutter - bestattet sind, läßt sie die Leichen kurzerhand entfernen.

So geraten mehrfach rassistische und antisemitische Passagen in Mays Werk hinein, die zum Teil noch in den heute vom Bamberger Verlag vertriebenen Auflagen enthalten sind. Dennoch widersteht der Karl-May-Verlag der Versuchung, das Werk in großem Stil »völkisch« umzudeuten, wie es etwa Hölderlin und zahlreichen anderen deutschen Dichtern und Schriftstellern passierte. Die Jahrbuch-Reihe mit Interpretationen zu Autor und Werk wird 1933 eingestellt. Der Mißbrauch Karl Mays durch die Nationalsozialisten beschränkt sich letztendlich auf einzelne Erklärungen und Presseartikel. Claus Roxin: »Karl May ist unbelastet aus der NS-Zeit hervorgegangen.«

---

8 Martin Schenkel in: Gert Ueding (Hrsg.): Karl-May-Handbuch, S. 307. Siehe auch: Ekkehard Bartsch: Und Friede auf Erden! Entstehung und Geschichte. In: Jahrbuch der Karl-May-Gesellschaft 1972/73, S. 93 - 123.

V. Karl May in der DDR

> »Daß die Nazis Karl May zum amtlich anerkannten Jugendschriftsteller stempelten, hat neben ihrer Absicht, wildes Schlägertum als höchste Tugend zu verherrlichen, auch seinen Grund darin, daß er ihrem Rassismus ganz entspricht. Das bedeutet also Freisprechung des räuberischen Imperialismus bei seinen kolonialen Ausbeutungs- und Unterdrückungszügen...« *Johannes Feuer*
>
> *Redakteur der »Neuen Schule«*

Wieder sind es Lehrer, die als erste Sturm laufen für ein Verbot des nunmehr zum »Nazi-Ideologen« gewandelten Autors. Dessen Werk sei »nichtsnutziges Schrifttum, das nur auf Reizung der Instinkte berechnet« sei und die Leser »durch Rührseligkeit, Lügen und aufstachelnde Spannung (!) in die Irre« führe. An zentraler Stelle der pädagogischen Anti-May-Einheitsfront gegen die »geistigen Giftquellen des Imperialismus« taucht erneut jener Wilhelm Fronemann auf, der seinerzeit den Antiimperialismus Mays beklagte und nun - frisch gewendet - dem sozialistischen Lehrer-Nachwuchs nahelegt: »Antifaschistisch eingestellte Zeiten« sollten May »mit sehr spitzen Fingern anfassen«, denn »leider« sei »der Schluß berechtigt, daß die raffinierten Quälereien, die May häufig schildert, an den Foltermethoden der SS nicht unschuldig sind«.

Ein Gutachten Wilhelm Fronemanns von 1946 wird zur Grundlage einer Ablehnung von May-Neuauflagen des sächsischen Ministeriums für Volksbildung und bestimmt noch weitere zentrale Debatten bis in die späten fünfziger Jahre hinein. So wirkt sich die auch in der DDR weitgehend verdrängte Geschichte des Nationalsozialismus und seiner völkischen Wurzeln bis in die May-Rezeption aus.

Karl May wurde nicht verboten. Aber er wurde auf Anweisung des Volksbildungsministeriums aus den öffentlichen Bibliotheken entfernt und - nicht gedruckt. Als sich ein sächsischer Stadtrat für Kultur und Volksbildung entgegen der offiziellen Haltung in der Lokalpresse für May engagiert, wird er gefeuert. Unter der immer wiederkehrenden Begründung des knappen Papierkontingentes ging es zunächst darum, jenes »Kulturerbe« zu pflegen, das der Forderung nach »antifaschistisch-demokratischer Erneuerung« am geradlinigsten, am widerspruchfreiesten genügte. Ein bürgerlich-individualistischer Abenteurer gehörte eben nicht dazu. Als eine ihrer ersten Amtshandlungen nach der Befreiung benennt die Stadtverwaltung von Radebeul, Karl Mays letztem Wohnort, die Karl-May-Straße in Hölderlinstraße um, das Karl-May-Museum heißt ab 1956 nur noch Indianer-Museum.

Und wieder stand Karl May dem Aufbau einer »besseren« Jugendliteratur im Wege. »Heute Karl-May-Bücher herauszugeben, würde bedeuten, sich gegen die erfolgreiche Entwicklung bei der Schaffung der künstlerisch wertvollen Jugendbücher zu stemmen, sie zu behindern und die geschmackvolle Wirkung der neuen Literatur abzubrechen«, begründet der Verlag Neues Leben 1957 seine Verweigerung einer Neuauflage der May-Werke. Deutlicher hätte sich eine Bankrotterklärung staatlicher Kulturpolitik kaum formulieren lassen.

Old Shatterhand lenke vom Klassenkampf ab, lautet das Hauptargument der fünfziger Jahre, Karl Mays »Narkotikumliteratur« schwäche die »Lebenstüchtigkeit«. Die »neue Jugendliteratur« müsse »realistisch« sein, dem (ökonomischen) Aufbau des Staates dienen. Die Jugend solle Praktisches lesen, sich »mehr und mehr dem sachlichen Schrifttum erdkundlicher, naturkundlicher, technischer Art, den Fragen des Rundfunks, der Photographie, der Atomphysik« zuwenden, anstatt in phantastischen Welten unerreichbaren Utopien nachzujagen. »Als wir vierzehn Jahre alt waren, schwarteten wir Karl Mays 'Schatz im Silbersee'«, erinnert sich ein Horst Winkler in den »Sächsischen Neuesten Nachrichten« im Juni '64. »Trapper Geierschnabel und der Henrystutzen hatten in unserer Phantasie ihren festen Platz. Die Gleichaltrigen unserer Tage, die Siggis, Kalles oder wie sie sich immer nennen mögen, haben anderes im Kopfe: Bedienungsanweisungen und Schaltbilder, Laser und Maser, Elaste und Plaste.«

Dennoch hielt der öffentliche Druck nach Neuauflagen vehement an - das zeigt sowohl die notwendig gewordene Prüfung des Verlages Neues Leben, als auch die regelmäßig stattfindenden Diskussionsforen in Tageszeitungen und FdJ-Blättern mit in der Regel ablehnender Haltung der Redaktionen und fast einhelliger May-Unterstützung seitens des Publikums. Und da Karl May offiziell, wie immer wieder betont wird, nicht verboten ist, wagt es 1958 der Verlag Kultur und Fortschritt und startet den 9. Jahrgang seiner »Kleinen Jugendreihe« mit Karl Mays unverdächtiger Erzählung »In Abrahim Namurs Gewalt« aus dem Roman »Durch die Wüste«. »Das Unglaubliche ist geschehen«, empört sich das Leipziger »Börsenblatt des Deutschen Buchhandels« sogleich. »Wenn wir nicht irren, wurde doch die kleine Jugendreihe mit dem Zweck eingeführt, den westlichen Kriminalreißern und Comiks etwas Wertvolles entgegenzusetzen. Nun erscheint ausgerechnet in dieser Serie ein Buchtitel, der in Inhalt und Ausstattung wahrhaftig manchem Kitschheft nicht viel nachsteht und niemals die natürliche Sehnsucht nach dem Abenteuer dadurch befriedigen kann, daß er diesen gesunden Trieb in gesunde Bahnen lenkt und anregt zu positiver Beschäftigung. Das Kapitel Karl May ist in der Deutschen Demokratischen Republik schon vor Jahren endgültig abgeschlossen worden. Man hätte nie annehmen sollen, daß ein Verlag ernsthaft daran gedacht hätte, Karl-May-Bücher wieder herauszubringen.« Der Verlagsleiter muß zu seinem »Fehltritt« Stellung beziehen und distanziert sich drei Wochen später im »Börsenblatt« von sich selbst: »Zentrale Stellen bestätigten uns auf Anfrage, daß es eine Reihe von Vorbehalten gibt, die vor allen Dingen in deutscher Überheblichkeit, Rassendünkel und Mystizismus zum Ausdruck kommen. Gerade die Überprüfung von Karl May ergab wenig Brauchbares. Von seinen 60 erschienenen Bänden wurden 60 Seiten ausgewählt und die auch erst nach Überarbeitung. Von unserer Seite besteht daher nicht die Absicht, weitere Hefte dieses Autors herauszubringen.« Es sollte ein Vierteljahrhundert vergehen, ehe es wieder ein DDR-Verlag wagte, Karl May aufzulegen.

Warum es letztendlich 1982 zur Revidierung der Karl-May-Haltung kam, nachdem noch ein Jahr zuvor in einer Stellungnahme des Kinderbuchverlages seine »rassistische Voreingenommenheit« und »imperialistischen Gedankengänge« gegeißelt wurden, ist bis heute unklar. Mitverantwortlich ist sicherlich Erich Loests 1980 zeitgleich in der DDR und der

Bundesrepublik erschienene May-Romanbiographie »Swallow, mein wackerer Mustang« sowie eine allgemeine Wiederentdeckung dubioser »großer Deutscher« (Luther, Bismarck, Friedrich II.). Eine andere Legende behauptet, Erich höchstpersönlich sei zu Weihnachten '81, als er wieder einmal in seiner Wandlitzer Villa das Westfernsehen anknipste, in eine Karl-May-Verfilmung geraten: schon war es um ihn geschehen, und die DDR-Kulturpolitik mußte ihr Bild des verpönten Sachsen revidieren.

Jedenfalls begann das DDR-Fernsehen gleich im nächsten Jahr mit der Ausstrahlung dieser Filme, vier weitere, die allerdings schon 1978/79 angekauft worden waren, gelangten in die Kinos zwischen Rostock und Dresden. Und der Verlag Neues Leben schmiß sein altes Gutachten auf den Müll und begann mit einer Neuedition Karl Mays, dessen »humanistische Grundposition«, so steht es nun im Nachwort, »Mays beste Werke zu einem Teil jenes 'Erbes' in der Abenteuerliteratur machen, das es zu bewahren gilt und das auch der Bildung sozialistischer Persönlichkeiten produktive Impulse zu geben vermag.«

Damit wurde eine neue Welle von May-*Fan*atismus in der Noch-DDR freigesetzt. Als das Leipziger Zentralinstitut für Jugendforschung Mitte der achtziger Jahre repräsentativ Schüler der 6. Klasse nach ihren Lieblingsbüchern befragt, tauchen unter den ersten zehn Nennungen gleich vier May-Titel auf: »Winnetou« auf Platz 1, »Der Ölprinz« auf Platz 4, »Der Geist des Llano Estacado« auf Platz 8 und »Der Schatz im Silbersee« auf Platz 10. Schon die Ankündigung der May-Bücher im November '82 löste eine Flut von Vorbestellungen aus. Die Startauflage betrug schließlich für die ersten dreizehn Bände bis zu je einer Viertelmillion;

inzwischen liegen 30 Bände vor, zum größten Teil in zweiter oder sogar dritter Auflage.[9]

Der Popstar aus Sachsen erlebt nun endlich auch in der Gegend Deutschlands sein Comeback, *in welcher bekanntlich das gelenkigste und hochgeläutertste Deutsch geschprochen wird...*

---

9 Die Bücher enthalten wirklich Original-May-Texte. Zensurmaßnahmen der '82er Erstauflage (so wurde Klekih-petras reuevolle Schilderung seiner revolutionären Vergangenheit in »Winnetou I« gestrichen) wurden inzwischen rückgängig gemacht. Daß die Ausgaben des Verlages Neues Leben sich - in unerheblichen Details - von manchen Reprints und der historisch-kritisch edierten Haffmans-Reihe unterscheiden, liegt daran, daß Neues Leben die Erstveröffentlichung in Buchform zugrunde legte, während beispielsweise die Haffmans-Herausgeber Wiedenroth/Wollschläger auch von May selbst vorgenommene oder autorisierte Bearbeitungen in späteren Auflagen berücksichtigten. Allerdings ist die Reihe des Verlages Neues Leben bisher auf nur 40 literarische Titel konzipiert, während Haffmans sogar die Sekundärtexte (Briefe, Reden, Nachlaß) aufnehmen will und so insgesamt 99 Titel plant, von denen etwa 80 auch trotz Bamberger Archivboykott und juristischen Marktbereinigungsversuchen realisiert werden können.

VI. Der verwirrte Prolet

»Die Angabe, ich sei Sozialdemokrat, enthält geradezu die Unwahrheit. Ich gehöre zu den entschiedensten Gegnern dieser unglückseligen Richtung. Ich habe nie eine sozialistische Versammlung besucht und nie ein Wort zu Gunsten des Demokratismus gesprochen oder geschrieben. Namentlich sind meine so viel gelesenen Geschichten nur geschrieben, um Frömmigkeit und Patriotismus zu verbreiten. Grad in der gegenwärtigen Zeit ist jeder brave Unterthan gehalten, seine Einreihung unter die unverbesserlichen Weltverbesserer entschieden zurückzuweisen.« *Karl May*

»Wenn ich nur eines seiner Werke hätte gestalten können, dann hätte ich mehr erreicht!«
Bertha von Suttner
Friedensnobelpreisträgerin

»Seine berühmtesten Werke, jene etwa dreißig Bände umfassende Saga der Erlebnisse des reiselustigen sächsischen Schriftstellers, der in der Fremde Old Shatterhand und Kara Ben Nemsi genannt wird, zelebrieren den Protest gegen den heimatlichen Alltag und feiern doch das Bismarck-Reich als den schlechthin idealen Staat; der Held zieht wie so manche seiner literarischen Vorgänger aus, weil er nur im freien, von den Konventionen und Verwaltungsapparaten der Zivilisation entfernten Leben der Wildnis Befriedigung finden kann, aber er versäumt keine Gelegenheit, die Superiorität des deutschen Wesens zu verkünden«, resümiert Helmut Schmiedt, Literaturwissenschaftler an der Universität Bonn und einer der profundesten May-Analytiker. »Aber gerade die unversöhnliche Konfrontation von Konservatismus und Opposition, Biederkeit und ambitionsreicher Utopie, Genügsamkeit und trotziger Outcast-Ideologie konstituiert ein facettenreiches Spannungsgeflecht, das die Beschaffenheit des Werkes prägt: der Held sucht das Abenteuer, weil er in der Heimat nicht leben mag; das Resultat des Abenteuers teilt mit, daß in der Heimat alles besser sei.« Diese Widersprüchlichkeit im Werk selbst läßt ahnen, weshalb gleichzeitig ein Adolf Hitler und eine Bertha von Suttner, ein Ernst Jünger und ein Albert Einstein von ein und demselben Autor begeistert sein konnten.

Ein aufgeklärter Untertan

Karl May war ein Kind seiner Zeit, ein spätgeborener Nachfahre der Aufklärung, der durch eine Laune der Natur mitten in die Wirren der ersten großen Industrialisierungsphase geworfen wurde; ein radikaler Humanist, der doch seine wilhelminischen Wurzeln nicht abzustreifen vermochte. So gerät seine scharfe Zivilisationskritik (Antimilitarismus, -kolonialismus, -rassismus und -materialismus) immer wieder in Kollision mit konservativen Urängsten, sobald sein weltumspannendes Grundverständnis sich dem Machtbereich deutscher Innenpolitik nähert. »Fromm wie der Katechismus, bieder wie das Bürgerliche Gesetzbuch und deutsch wie die Nationalhymne - ein Übermensch nach Kleinbürgermaß«, spottete »Der Spiegel« 1962 in seiner Titelgeschichte »Karl der Deutsche«. Weil May seine gesamte Außenwelt nur durch den narzißtischen Schleier seines verängstigten Ich wahrnehmen konnte, existierte für ihn unterhalb der Ebene der *Menschheitsfrage*, eines allgemein-verbindlichen Humanismus, nur ein Vakuum. Komplexe gesellschaftliche Verhältnisse reduzieren sich beim Durchlaufen des Mayschen Bewußtseinsfilters auf Konflikte zwischen Individuen, deren moralische Verfassung sich in den Physiognomien widerspiegelt: Gute Christen *mit ehrlichen Augen* im Kampf gegen *Schurken mit schmalen, blutleeren Lippen* und einer Nase *in der Form eines Geierschnabels.*

»Karl May ist einer der besten deutschen Erzähler, und er wäre vielleicht der beste schlechthin, wäre er kein armer, verwirrter Prolet gewesen«, schrieb einst Ernst Bloch, nicht nur Fan, sondern auch genauer Kenner des »Shakespeare der Jungens«. Linke und sozialrevolutionäre Bewegungen - von ihren theoretischen Grundlagen ganz zu schweigen - gingen selten von der »Arbeiterklasse«, sondern in der Regel von ihrer »Avantgarde« aus: aufgeklärte Bildungsbürger, die es sich leisten konnten, die Welt in ihre Bestandteile zu zerlegen und daraus Strategien zu entwickeln, die über die aktuelle Sicherung des Lebensnotwendigen hinausreichten. Karl May aber war ein Webersohn, der das Glück hatte, lesen und schreiben zu lernen: in den vierziger Jahren des vorigen Jahrhunderts keine Selbstverständlichkeit. Erst recht nicht in den kleinen Städtchen und Dörfern des sächsischen Erzgebirges, wo die Industrialisierung erst zwanzig Jahre später ihre Spuren hinterlassen sollte. In Mays Kindheit und Jugend gab es Kleinbürger, Handwerker, Bauern und Heimweber, aber weder ein Industrieproletariat noch bourgeoise Neureiche. Die zentralen sozialen Konflikte des späten 19. Jahrhunderts schlängelten sich um Ernstthal herum.

Dennoch war Sachsen eine Hochburg der Arbeiterbewegung, und der Wahlkreis um Hohenstein-Ernstthal entsandte 1867 als ersten Sozialdemokraten überhaupt August Bebel, den Drechslermeister aus Leipzig, in den Berliner Reichstag. Der erste links-engagierte Mensch, mit dem Karl May nähere Bekanntschaft schloß, war allerdings sein Vater - jener verzweifelt-jähzornige Despot, dessen Erziehungsmethoden Karl May noch Zeit seines Lebens literarisch ausschwitzen mußte. Keine gute Ausgangslage für eine Hinwendung zur Sozialdemokratie!

In späteren Jahren schürte sicherlich eine gehörige Portion Opportunismus Mays Abgrenzungsversuche. Schließlich war es nicht ganz ungefährlich, sich zur Sozialdemokratie zu bekennen. May startete seine Karriere als freier Autor zur Zeit der Sozialistengesetze (1878-1890), und selbst nach ihrer formalen Aufhebung hätte eine Hinwendung zur politischen Linken mit großer Wahrscheinlichkeit das vorzeitige Ende seines Schaffens - mindestens eine Anklage und das Bekanntwerden seiner Vorstrafen - bedeutet. Einen deutlichen Warnschuß hatte er bereits 1879 erhalten, als die Justiz gegen ihn wegen Amtsanmaßung in der Sache Pollmer jr. ermittelte: die skandalöse Verurteilung zu drei Wochen Gefängnis stützte sich u.a. auf eine Behauptung des Polizeizeugen, der Angeklagte sei »Socialdemocrat durch und durch und soll gegenwärtig Schriftsteller der Socialdemocratischen Blätter sein«.

Ich habe mich nie leidenschaftlich mit Politik beschäftigt, erklärt Kara Ben Nemsi zwischen Bagdad und Istanbul, und das dürfte auch für seinen Schöpfer gelten. Die politischen Kämpfe jener Jahre wurden um materielle Verbesserungen geführt: Arbeiter forderten menschenwürdige Arbeitsbedingungen und angemessene Löhne, das Bürgertum wollte die politische Macht nicht mehr allein dem *ancien régime* überlassen. May interessierte beides nicht. Abstrakte Machtstrukturen hat der »verwirrte Prolet« ohnehin nie durchschaut, und Geld war für ihn selbst zu Zeiten härtester Armut kaum von Bedeutung. Später, als May über ein Jahreseinkommen von 60.000 Mark und mehr verfügt (Millionär wird er im Gegensatz zu seinen Verlegern nie!), verschenkt er Tausende von Mark, zum Beispiel als Stipendien an Studenten aus armen Familien. Selbst Kellnern, Dienstboten oder Gärtnern drückt er gerne für Dienstleistungen ein Goldstück (20 Mark) als Trinkgeld in die Hand. In einem niedersächsischen Dorf erregt seine Großzügigkeit einmal sogar Verdacht, und er wird in U-Haft genommen, bis ein Telegramm aus Radebeul seine Identität bestätigt.

Waren ihm Sozialdemokraten und andere revolutionäre Bewegungen schon wegen ihres »Materialismus« suspekt, so kam ein Moment hinzu, das nicht nur Mays Haltung in politischen Fragen entscheidend prägte: seine tiefgreifende Angst vor Menschen. Schon das von der Mutter »abgewiesene« blinde Kind hatte sich weitgehend in seine eigene, alternative Märchenwelt zurückgezogen, die maßlose Verurteilung wegen eines Nicht-Verbrechens (Uhrenausleihe) und die darauf folgende Zerstörung seiner Existenz als Lehrer hatten seine Kontaktfähigkeit endgültig unterbrochen. Selbst in den Jahren, in denen er zum ersten deutschen Popstar aufstieg, gab es kaum zwei Dutzend Menschen, die regelmäßig mit ihm in persönlichem Kontakt standen. Sein gesamtes Werk ist ein einziger Schrei nach Liebe, eine therapeutische Selbstanalyse und Bearbeitung des Outcast-Traumas. »May schrieb einen beträchtlichen Teil seiner Texte beinahe wie im Trancezustand«, berichtet Helmut Schmiedt.

May, der Cyberpunk: direkt vernetzt mit seiner Innenwelt, deren chaotischen Inhalt er, lediglich in ein eher ent- als verhüllendes exotisches Gewand gekleidet, an allen Bewußtseinskontrollen vorbei aufs Papier schmuggelte. *So sind in hunderten und aberhunderten von kalten, liebeleeren, qualvollen Nächten alle die Bücher entstanden, in denen ich von nichts als nur von Liebe rede*, notiert er noch vier Monate vor seinem Tod.

»Die Gesellschaft« interessiert Karl May nicht, ihre Anonymität verunsichert ihn. Menschenmassen stürzen ihn in Panik, Revolutionen bedeuten für ihn, unabhängig von ihrer Berechtigung, in erster Linie Chaos und Gewalt. So vollzieht er in seiner Autobiographie sogar das Kunststück, das '48er Engagement seines Vaters in eine kaisertreue Demonstration umzuwidmen. Nicht zufällig verlegt er den Lebensraum seiner Helden in die endlose Weite des Orients bzw. des Westen Nordamerikas: dort ist die Welt - zumindest aus der Perspektive des entfernten Europäers - noch überschaubar. Dort gibt es weder Klassenschranken noch Industrie und Großstadtchaos. Reichtum und Adel sind dort ebenso bedeutungslos wie das Vorstrafenregister: was einzig zählt, ist das Talent und der Wille, sich vom Greenhorn zum Westmann, vom *Gewalt- und Egoismusmenschen* zum *Edelmenschen* emporzuschwingen. Hier muß und kann sich jeder selbst aus dem Sumpf des Bösen ziehen - nicht eine abstrakte »Arbeiterklasse«. Hier herrscht das Individuum - ein rechter Ort für Karl Mays große Utopie einer patriarchalischen Community der Humanität und Nächstenliebe.

Die Gesetze der Prärie

Mays Wilder Westen wimmelt von Deutschen - Sachsen vor allem: der *Forschtgehilfe* Hobble-Frank, der *auf der Schtrecke zwischen Pirma und Meißen, grad so ziemlich zwischen diesen beiden Schtädten* sein *erschtes Licht der Welt* erblickte, Tante Droll, der Fallensteller mit dem avantgardistischen Designerdress, aus Langenleuba-Niederhein, die Timpes aus Plauen, der dicke Sam Barth aus Herlasgrün, und natürlich Karl der Deutsche höchstpersönlich. Fast alle sind auf der Suche nach Idealen und Zielen, die ihnen die alte Heimat nicht bieten konnte. *Unerquickliche Verhältnisse in der Heimat und ein angeborener Tatendrang* trieben den Lehrer Old Shatterhand über den Teich. Klekih-petra und Old Firehand sind gar politische Flüchtlinge. Befreit von den Konventionen der »Zivilisation«, unterwerfen sich die Westmänner nur noch den unveränderlichen *Gesetzen der Prärie*, das heißt, Regeln, die für alle in gleichem Maße gelten. Zumindest für die Guten. Während die Schurken weiterhin an den alten absolutistischen Hierarchien und Werten festhalten und damit untergehen, wählen sich die *Helden des Westens* für die Zeitdauer eines Abenteuers oder gemeinsamen Arbeitsauftrages aus ihren Reihen den Besten zum Anführer, der sich aber seiner Vertrauensstellung immer wieder gewachsen zeigen muß und die demokratischen Grundrechte seiner Gang nicht antasten darf. Sogar Mays omnipotentes Über-Ich Old Shatterhand fühlt sich diesen Regeln verpflichtet: *»Ich habe keineswegs die Absicht, wie ein absoluter Fürst oder gar wie ein Tyrann über Euch zu herrschen; wir stehen einander gleich; keiner soll mehr gelten als die andern, doch glaubte ich, daß es besser sei, wenn wir im Augenblicke einer Gefahr nicht vielköpfig handeln, und da* *muß es also einen geben, nach dem die anderen sich richten. Als diesen habe ich mich vorgeschlagen, gebe aber zu, daß auch ein jeder von Euch das Recht hat, sich in Vorschlag zu bringen. Wollt Ihr der Anführer sein, Jim?« - »Nein, danke Sir! Mag nichts zu verantworten haben; dachte nur, daß ich auch einen Mund besitze, zuweilen ein Wort mitzusprechen.«*

Das Idealmodell für diese Neue Gesellschaft repräsentieren jedoch die Indianer. Sie sind die Hoffnungsträger des Mayschen Paradieses, ihnen gehört von vornherein die Sympathie des Autors und seiner Helden: selbst äußerst unsympathisch gezeichnete *Räuberbanden* wie die Kiowas des Häuptlings Tangua wurden *erst durch weiße Pferdehändler, welche mit Brandy bezahlen wollten und die Kiowas förmlich auf den Pferderaub hingewiesen hatten*, zu Schurken. Und selbst die sind in ihrer Stammesorganisation im Vergleich zu den Weißen immer noch vorbildlich.

Karl Mays Indsmen leben in urdemokratischen Gemeinschaften. Gleiche unter Gleichen, solange jeder die allgemein zugrundeliegenden Werte - Mut, Geschicklichkeit, Klugheit - beachtet, sich gegenüber den Stammesbrüdern hilfsbereitsolidarisch verhält und - männlich ist. Natürlich gibt es Anführer, doch die sind gewählt und können jederzeit wieder abgewählt werden. *Die Häuptlinge der Indianer besitzen keineswegs eine erhebliche Macht. Ihnen ist nicht die Gewalt eines europäischen Fürsten gegeben. Sie können keine Gesetze machen und keine Verordnungen erlassen. Sie sind aus den Reihen der Krieger gewählt, weil sie sich vor den übrigen ausgezeichnet haben. Niemand ist gezwungen, ihnen zu gehorchen. Der Einfluß und die Macht des Häuptlings beruhen allein auf dem Eindruck, den seine Persönlichkeit macht.* Häuptlinge sind Interessenvertreter und Vorbilder ihres Stammes; ihre Macht wird durch den Rat der Alten und ständige Vollversammlungen der Krieger am abendlichen Lagerfeuer begrenzt und ist eng mit ihrem eigenen sozialen und verantwortungsbewußten Verhalten verknüpft. Mißbraucht ein Häuptling seine Macht, hat jeder einzelne Krieger ein Recht auf Widerstand, dessen grundgesetzliche Legitimität nie angezweifelt wird. *Seit welcher Zeit dürfen die Häuptlinge der Sioux-Oglalas tun, was ihnen beliebt?* fordert der junge Wohkadeh sein Recht gegenüber dem Häuptling jenes Stammes, aus dessen Mitte immerhin Winnetous Mörder kommt. *Wozu sind die Versammlungen der alten Väter da? Wer gibt den Häuptlingen ihre Macht? Wer will einen tapferen Krieger der Oglalas zwingen, einem Häuptling zu gehorchen, welcher die Söhne seines eigenen Stammes wie Hunde behandelt?*

Die gleichen Regeln gelten auch für Mays zweiten zentralen Schauplatz, den Orient. *Womit hast du verdient, ein Fürst zu sein?* herrscht Kara Ben Nemsi den despotischen Mir von Ardistan an. *Welche Gesetze hast du gegeben, um das Wohl deines Volkes zu heben? Wo sind die Wege, die Straßen, die Schulen, die Hospitäler, die du bautest? Welche Wüstenflächen hast du gezwungen, sich in Acker- und Weideland zu verwandeln? In welcher Weise hast du für die Armen deines Volkes gesorgt? Wo stehen deine Kornkammern, deine Vorratshäuser, die du öffnen kannst, sobald es Mißernten gibt und die Hungersnot durch eure Gassen schleicht?* Im Gegensatz zum Westen Nordamerikas findet May hier in der Realität ein ausgebautes Herrschaftssystem vor - und damit die Möglichkeit, im exotischen Gewand des Orients die eigenen feudalen Verhältnisse zu geißeln. Ein ganzes Heer korrupter Bürokraten, habgieriger Grenzwächter und scheinheiliger Pfaffen bevölkert den Orient-Zyklus, und die unzähligen Szenen, in denen Kara Ben Nemsi Vertreter der Obrigkeit - mit oder ohne Halefs Nilpferdpeitsche - fertigmacht, scheinen dem Autor eine besondere Freude bereitet zu haben.[10]

RAFIK SCHAMI

رفيق شامي

Bei Allah, dieser Karl Ben May hat den Orient im Hirn und Herzen mehr verstanden als ein Heer heutiger Journalisten, Orientalisten und ähnlicher Idiotisten.

Rafik Schami

10 Eine differenzierte Analyse von Mays widersprüchlicher politischer Haltung und ihrer Ausprägung in seinen Werken leistet Stefan Schmatz: Karl Mays politisches Weltbild. Ein Proletarier zwischen Liberalismus und Konservatismus. Sonderheft 86 der Karl-May-Gesellschaft, Hamburg 1990.

VII. May *light*

»Nehme ich meine damalige Arbeit jetzt in die Hand, so erkenne ich sie kaum wieder. Das ist nicht jener wohlbedacht artikulierte Leib, in welchem meine Seele zum Leser sprechen sollte. Das sind nicht jene weichen und doch energischen Konturen, die ich ihm gegeben habe, nicht die hellen Züge, die runden Linien, die hohe, denkende Stirn, die klaren Augen, die beweglichen Glieder! Sondern das ist ein formlos dicker Rumpf, von ordinären Genüssen aufgeschwollen, mit verkrüppelten Armen und Beinen, die an den Leib gezogen sind, weil sie zu faul waren, sich zu bewegen. Ein wüster Kopf! Alles ist stumpf an ihm, nicht nur die Nase! Dieser Kerl soll ich sein?« *Karl May*

»In mir hatten die Ideen der Aufklärung Wurzel geschlagen. Meine Göttin hieß Vernunft«, klagt der reuevolle Klekih-petra sich selbst in der Bamberger Ausgabe des »Winnetou I« an. Karl May hat diese Sätze nie geschrieben. Insgesamt 11.000 »Bearbeitungen« gegenüber der Erstausgabe wurden allein in diesem einen Band gezählt. Kein Einzelfall, kein Extrembeispiel, sondern redaktioneller Alltag im größten Fälschungsskandal der Literatur- und Mediengeschichte, hinter dem die Hitlergroteske des »Stern« als belanglose Episode zurückbleibt. Ein Großteil der »Grünen« und sonstigen Bände, die in fast jedem bundesdeutschen Haushalt Bücherregale verstopfen, gehören in den nächstgelegenen Recyclingcontainer. Das Text»gefummel, das nach Karl May sich nennt«, hat mit dem Autor so viel gemeinsam wie Madonna mit Marilyn Monroe: Schonkost für ewig Pubertierende. Literatur *light*.

Die Mehrheit seiner Werke veröffentlichte Karl May, in den ersten fünfzehn Jahren quasi exclusiv, in diversen Wochenblättern wie »Deutscher Hausschatz«, »Deutsches Familienblatt«, »Der Gute Kamerad«. Erst ab 1890 erschienen in Buchform zunächst seine Jugenderzählungen in sieben »Union-Bänden«, ab 1892 schließlich die seinen Ruhm begründenden »Gesammelten Reiseerzählungen« bei dem Freiburger Verleger Fehsenfeld. Auf dieser noch von May weitgehend autorisierten 33bändigen »Freiburger Ausgabe« basieren die »Gesammelten Werke« des Karl-May-Verlages, die nach dem Tode des Autors erschienen und bis 1938 auf 65 Bände anwuchsen (»Radebeuler Ausgabe«), heute 74 Bände (»Bamberger Ausgabe«) umfassen, und praktisch ausschließlich »bearbeitete« und von anderen Autoren hinzugefügte Texte enthalten.

»Ein Oberlehrerstil, der aufs Ideal des einfachen schwört und die Phantasie, die im Satz-Bau wohnt, der krudesten Schulordnung unterwerfen will, der Partikel jätet, als seien Prämien darauf gesetzt, der seinen Lesern bei keinem Personal- und Possessivpronomen die Fähigkeit zutraut, den Bezug zu erkennen, und diesen mit plattesten Namenswiederholungen einbleut, als gelte es Waren zu annoncieren...«, beschreibt der May-Biograph Hans Wollschläger die Arbeitsprinzipien der Fälscherwerkstätten. Es galt in der Tat, eine Ware zu annoncieren: Karl, der Deutsche, Jugend- und Volksschriftsteller.

Freuden und Leiden einer Fälscherwerkstatt

Da der Karl-May-Verlag bis heute - aus verständlichen Gründen - keine Dokumentation seiner »Bearbeitungen« vorlegte, lassen sich die Prinzipien nur grob erkennen. Neben der Korrektur sachlicher Fehler, der Angleichung an veränderte Rechtschreibregeln, der »Entwelschung« der deutschen Sprache, der Reduzierung des Wortschatzes auf das Niveau eines Kindes, der völligen Neugestaltung diverser Werke zur Anpassung an das Einheitsformat der »Gesammelten Werke«-Reihe und radikalen ideologischen Eingriffen fallen immer wieder Absurditäten auf, die sich nur mit privaten oder literarischen Leidenschaften der »Bearbeiter« erklären lassen. So berichtet May in seinem Zeitungsbeitrag »Freuden und Leiden eines Vielgelesenen« davon, wie Eltern ihm ihren Sohn Franz als Reisebegleitung andienen wollen. In der »Bearbeitung« heißt Franz plötzlich »Emil«. »Warum? Etwa darum, weil einer der Bearbeiter selber Franz mit Vornamen hieß und es nicht vertrug, diesen Vornamen in dümmlichen Zusammenhängen zu erblicken? Da galt auch der Gesichtspunkt nichts, daß in der Geschichte schon ein anderer *Emil* vorkam und vorkommt: So stehen jetzt eben zweie da.« Da erscheint es schon fast wieder logisch, wenn im gleichen Zuge Mays von ihm selbst auf *166 Centimeter* datierte Körpergröße auf »170 Zentimeter hoch« verlängert wird.

Die einschneidendsten »Bearbeitungen« mußten die Kolportageromane erdulden, die May in seinem letzten Lebensjahrzehnt so sehr zu schaffen machten. Hier nahm Verleger E. A. Schmid persönlich die schwere Verantwortung auf sich, »die ganzen 'unsittlichen' Bände in kurzer Zeit von allen Schlacken zu säubern, indem ich einfach die schamverletzenden Busen absäble und an Stelle der ahnungsvollen Gewänder so hochanständige Kattunkleider setze, daß auch derjenige, der darauf geeicht ist, nichts mehr ahnen kann.« Die übrigen Werke Mays, »in denen das Weib völlig ausgeschaltet ist oder nur als geschlechtsloses Wesen in Erscheinung tritt«, seien dagegen »ethisch hochstehend, sittenrein und frei von Anstößigkeiten«. Kommentar Helmut Schmiedt: »Wer das 'Waldröschen' aus der Bearbeitung der Radebeuler und Bamberger Ausgabe zu kennen meint, befindet sich etwa in der Rolle desjenigen, der seine Schwimmkünste in der Badewanne ausprobiert und sich alsdann für einen potentiellen Bezwinger des Ärmelkanals hält.« Und sind Frauen doch einmal begehrlich, so müssen sie wenigstens schnell auf ihre Grenzen aufmerksam gemacht werden. Geht May, nachdem er einen Besucher zu längerem Bleiben eingeladen hatte, *in die Küche, um meine darüber nichts weniger als entzückte Frau zu bitten, mir nicht bös zu sein*, so geht er heute »in die Küche, um meiner Frau die nötigen Weisungen zu geben«.

»Ungeklärte Probleme blieben bei unserer Buchfassung nicht mehr übrig«, erklärte »Bearbeiter« E.A. Schmid nach vollbrachter Tat. Aber gerade in der absoluten Tilgung Mayscher Widersprüchlichkeiten liegt die fatale Mißhandlung des Werkes, meint Helmut Schmiedt: »Die Abwehr aller Irritationen und offenen Fragen verwandelt das wirre Panorama, das May von seiner Welt vermittelt, zu überschaubaren, eingängigen, leicht konsumierbaren Einzelteilen von jener Harmonie, denen das Original trotz aller Bemühungen widerstand. Im uferlosen Fabulieren, das universelle Weite suggeriert, in endlosen Repetitionen aber immer wieder zu ersticken droht, in der angestrengten Mißachtung der Erzählökonomie, die die Gesamtheit der 'menschlichen Gesellschaft' einfangen, ihr Verbesserungsvorschläge unterbreiten soll und dabei im Dickicht von Affirmation und Protest verunglückt, in der Neigung zum Exzeß, der in brutalen und pornographischen Szenen gipfelt und doch auch dauernd die eigene Biederkeit dementieren muß: in all dem ließ sich die Qualität dieser Romane entdecken.«

Da Verleger Schmid es sich zum Lebensziel erkoren hatte, Mays Arbeiten allesamt dem Einheitsformat und -preis der »Gesammelten Werke« einzufügen, mußten sie entsprechend zurechtgestutzt werden. Da werden Romane auseinandergerissen und auf mehrere Bände verteilt, Handlungsabläufe begradigt und neu angeordnet, nur in einem Band auftretende Hauptpersonen durch die zugkräftigen Seriennamen Winnetou, Old Firehand oder Kara Ben Nemsi ersetzt. Passagen, die dem Zeitgeist der »Bearbeiter« widersprechen, werden radikal geändert: Kommen die beiden Hauptschurken des »Mustang« im Original mit einer Tracht Prügel davon, so wird in der Radebeuler bzw. Bamberger Ausgabe, die den Originaltext im Band »Halbblut« einbauen, der eine gehängt, der andere zu Tode gestürzt.

»Anstößig« waren für Schmid & Co. auch generell alle Fremdworte. Weg damit! Ein *Thermometer* wird zum »Wärmestandsangeber«, *Jagdtrophäen* zu einer »Sammlung ausländischer Gegenstände«, eine *originelle Bittschrift* zum »humorvollen Erguß«. *Situationen* sind nun »Gelegenheiten«, aus *Redaktionen* wurden »Schriftleitungen«, die »Vergütungen« statt *Honorare* zahlen.

Immer wieder werden harte politische Korrekturen vorgenommen: Da verschwinden aus dem Kolportageroman »Der verlorene Sohn oder der Fürst des Elends« nicht nur harmlose Bordellszenen, sondern auch diverse sozialkritische Passagen. Nachdem E.A. Schmid und Mittäter so fleißig »abgesäbelt« hatten, mag die Endfassung womöglich zu kurz geraten sein. Jedenfalls finden sich plötzlich völlig neue Szenen von ausgesucht literarischem Niveau: »Fluchend ließen sie sich auf die seidenbespannten Stühle fallen, daß die leichten Sessel in den Fugen krachten... Dem Hund brech' ich die Knochen, der dir das verpfiffen hat! - Benimm dich anständig, Bormann! Ich habe hier zwölf blaue Bohnen in den Schießeisen - es kommt mir nicht darauf an, dir eine zwischen die Rippen zu jagen!«

Bemerkt May in der Urfassung von »Weihnacht« noch, manch *einer unserer heutigen Finanzminister* könne von seiner und Freund Carpios solider Haushaltsführung lernen, so haben sich in der Radebeuler Ausgabe *unsere Finanzminister* in einen »der südamerikanischen Staaten« verwandelt. Seine Zurückhaltung gegenüber der verliebten Nschotschi begründet Old Shatterhand plötzlich mit seiner Ablehnung von »Mischehen« - in der ersten Nachkriegsauflage von 1948! Und in dem Bamberger Band »Der Fremde aus Indien« findet sich heute noch die 1939 hinein»bearbeitete« Aussage: »Aber Liebe von ihr, der Jüdin, war ihm ein unerträglicher Gedanke.« »Unerträglich« war dies nur für den »Bearbeiter«, und auch die Charakterisierung eines jüdischen Pfandleihers als »gemeiner Blutsauger«, der »mit der zähen Gier seiner Rasse« nach Reichtum lechzt, sucht man im Original vergeblich.[11]

---

11 Dennoch fließen auch Karl May trotz seiner antirassistischen Grundhaltung gelegentlich rassistische Bemerkungen in die Feder, etwa wenn Old Shatterhand in »Winnetou III« einen Westmann anfaucht: *Rache entehrt einen Christenmenschen und ist Sünde. Überlaß sie*

Es sind bei weitem nicht die einzigen Szenen, die den Eindruck erwecken, als hätte die Reichsschrifttumkammer das Lektorat der Bände übernommen. In »Winnetou IV«, um ein letztes Beispiel zu geben, wird ein antirassistischer Aufruf so umgedreht, daß der Führer bei der Lektüre keine Migräne bekommt. *Er* (der Autor eines Textes über »Das Aussterben der indianischen Rasse in Amerika«) *schien die Hauptaufgabe des Menschengeschlechtes in der Entwicklung der völkerschaftlichen Sonderheit und Individualität zu suchen, nicht aber in der sich immer mehr ausbreitenden Erkenntnis, daß alle Stämme, Völker, Nationen und Rassen sich nach und nach zu vereinigen und zusammenzuschließen haben zur Bildung des einen, einzigen, großen, über alles Animalische hoch erhabenen Edelmenschen...*, heißt es im Original von 1910. In der Ausgabe »Winnetous Erben« von 1935 liest sich das so: »Auch in der Rasse sind Unterschiede. Süd ist Süd, Nord ist Nord, und jedes entwickelt seine bedingten Eigenarten. Und darüber hinaus ist eine Rasse nicht tot, deren Glieder zeitweilig zu völklichem Schlaf verurteilt sind. Ruht in ihr die Kraft der Auferstehung, so bedarf es nur des Weckrufs, und sie wird sich wieder melden unter den Völkern der Welt. Und letzten Endes soll - und das ist meine

---

den Negern!, oder in »Surehand I« erklärt: *Ich traue keinem Comanchen... Auf mein Wort kannst du dich verlassen, ich dagegen auf das Versprechen eines Roten nie.* Interessante Analysen zu Karl Mays (Anti-)Rassismus liefern beispielsweise: Rainer Jeglin: »Karl May und die Armenier«, in: »Mitteilungen der Karl-May-Gesellschaft« Nr. 6/1970 und 7/1971; ders.: »Karl May und der antisemitische Zeitgeist«, in: »Jahrbuch der Karl-May-Gesellschaft 1990«; Norman Streck: »Die Darstellung der Juden bei Karl May«, in: »Mitteilungen der Karl-May-Gesellschaft«, Nr. 58/1983.

Erkenntnis - jede Rasse danach streben, in sich den vollkommensten, den Edelmenschen zu züchten.«[12]

Waren es erklärte Gegner, die ihn 1912 nach zermürbender Auseinandersetzung ins Grab brachten, so erledigten seine »Freunde« das literarische Vermächtnis des Autors. »Seine Schriften gleichen Pflanzen, die in üppigem, feuchten Erdreich unter starkem Sonnenlicht zu jäh ins Kraut geschossen sind«, liefert der Pädagoge Ludwig Gurlitt in seinem Text »Gerechtigkeit für Karl May« 1918 die Vorgabe für kommende May-»Bearbeiter«. »Sie brauchen den Gärtner, der fleißig mit der Gartenschere und mit Bast arbeitet, die Zweige stützt, Geiltriebe und dürres Holz ausschneidet, die Stämme und Äste gerade zieht und den Pflanzen dadurch ihre natürliche (!), gesunde Form gibt und ihren Ertrag an Früchten steigert.« Letzteres wird wahr, nur sind es nicht die von Karl May testamentarisch vorgesehenen notleidenden Kollegen und armen Studenten *beiderlei Geschlechts*, die die Früchte ernten sollten, sondern ein privater Familienclan, der den Namen des Autors seit nunmehr fast achtzig Jahren in einer »besonders unangenehmen Mischung aus Kommerz und verblasener Ideologie« verramscht. Für Gert Ueding sind die »populären grünen Bände mit dem bunten Deckelbild und dem Impressum des Bamberger Karl-May-Verlages« ein »wohlinszeniertes Blend-Werk«, das nur »in einem sehr weitherzigen Verständnis noch etwas mit dem

12 Zitiert nach: »Zweimal Winnetou IV. Karl May und seine Bearbeiter«, in: »Der Rabe. Magazin für jede Art von Literatur«, Nummer 27, Haffmans, Zürich 1989. Ein kompletter »Rabe« zum Thema Karl May mit bedeutenden Originaltexten und Stellungnahmen von deutschen Bischöfen und Politikern, Ernst Bloch, George Grosz u.a.

Original-Text Karl Mays zu tun hat: als eine Art Vorlage zur eigenen Improvisation. ... Da ist oft kaum ein Wort auf dem anderen geblieben, es gibt Bände, in denen die Textverderbnis ein Ausmaß erreicht hat, daß ihnen die Autorenschaft Mays zu unterstellen schon einer Fata Morgana gleicht.« Doch während Karl May sich zeit seines Lebens vehement gegen jegliche Textbearbeitung zur Wehr setzte, legalisierte seine Witwe Klara May »die von Dr. Schmid und seinen Mitarbeitern vorgenommenen Bearbeitungen« inclusive aller »nötigen Verbesserungen und Überfeilungen«. Leider ist damit die bundesdeutsche Justiz in dem wohl spektakulärsten Fall von literarischem Hooliganismus des 20. Jahrhunderts zur Passivität verdammt.

Karl May als Kara Ben Nemsi

VIII. Im Orient

»Ein Aufwärtsritt von Basra nach den kurdischen Bergen. Basra, Sumpf, Ansteckung. Auf den Bergen Reinheit, Genesung. Lesen Sie aufmerksam, so finden Sie, daß dieser Ritt nicht nur aus dem geographischen, sondern auch aus dem geistigen Sumpfe zur Genesung aufwärts führt. Wer ist der Ustad, der Pedehr, der Mirza, der Bluträcher, der Tifl, die Pekala...? Was hat das Beit-y-Chodeh, das Riesenmauerwerk, das Alabasterzelt zu bedeuten? Verlegen Sie das Alles einmal nach Deutschland her, in unsere geistige Welt! Mehr will ich Ihnen heut nicht sagen.«

Karl May

Am 26. März 1899 bricht Karl May zu einer fünfzehnmonatigen Orientreise auf. Er startet in Kairo, besucht Asiut, Luxor, Assuan, verbringt in Beirut wegen der grassierenden Cholera zwei Wochen in Quarantäne, reist über Haifa und Nazareth weiter nach Jerusalem, schifft sich in Aden nach Colombo ein, gelangt sogar bis nach Sumatra. Als Emma und das Ehepaar Plöhn nachkommen, besucht er in einer zweiten Etappe mit ihnen noch einmal Jaffa, Jerusalem, Haifa und Beirut, unternimmt einen Ausflug in den Libanon, verbringt jeweils mehrere Tage in Damaskus und Istanbul. Der »Weltläufer« hat erstmals außereuropäischen Boden betreten.

Mit der Reise verfolgt May zwei Ziele: zum einen will er die langsam aufkommenden Zweifel daran, ob er die Orte seiner

»Reiseerlebnisse« wirklich gesehen hat, mit einer publicityträchtigen Orient-Tour gleich im Keim ersticken: Seht her, ich bin im Orient, also war ich auch früher da, lautet die suggestive Botschaft. Zum anderen möchte er den Orient, der ihn nun seit zwanzig Jahren begleitet, endlich in natura kennenlernen. Welche Hoffnungen mögen da in dem kleinen Sachsen aufgekommen sein, haben ihm doch früher schon Experten bescheinigt, wie realitätsgerecht er die Welt seines Hadschi Halef Omar dargestellt habe. Und nun würde er sie wahrhaftig erleben! Der zum Popstar aufgestiegene Webersohn war seinen Utopien greifbar nahe.

Und dann sollte doch alles anders kommen. Die Konfrontation mit dem Objekt der Begierde gerät zum Lebensschock. Zweimal, auf Sumatra und in Istanbul, erleidet er einen schweren Nervenzusammenbruch, tobt und verweigert tagelang jede Nahrung, so daß seine Begleiter schon fürchten, man müsse ihn »einer Irrenanstalt zuführen«. Er wird Vegetarier, stellt plötzlich das Rauchen ein, und schließlich sogar den Geschlechtsverkehr mit Emma. Der Held aller orientalischen Völker fühlt sich unsicher in dieser viel komplexeren Welt, versteht die Sprachen der Menschen nicht, entdeckt tagtäglich, wie sein Helden-Ich als Anachronismus in sich zusammenfällt, *sein* Orient sich in der Gegenüberstellung mit den realen Schauplätzen als Pappmachékulisse entpuppt. Mal schreibt er schwermütige Gedichte:

Ich bin so müd, so herbstesschwer
Und möcht am liebsten scheiden gehn...

(Habe hierbei bitterlich, zum Herz erbrechen geweint, notiert er auf der Rückseite des Manuskripts). Mal läßt er die neue Faszination der realen Fremde auf sich wirken, bezeichnet diese Erfahrung als *unbeschreiblich schön, vertiefend, bereichernd, reinigend, beruhigend und befestigend.*

Man geht nach innen. Dann verschickt er wieder wütende Briefe und Ansichtskarten an Freunde und Redaktionen, an einem einzigen Tag sind es allein hundert Stück. Ein letzter Rückfall in die alte Fiktion: *Ich gehe jetzt nach dem Sudan. Die Engländer dulden das nicht, darum reite ich als Kara Ben Nemsi meine alten Karawanenwege*, erfahren die Leser der »Pfälzer Zeitung«. *Dann will ich über Mekka nach Arabien zu meinem Hadschi Halef.* Doch der radikale Bruch in Mays Bewußtsein läßt sich nun nicht mehr stoppen, sein utopisches Nirgendwo früherer Tage ist unwiederbringlich zerstört.

Wohl zum ersten Mal seit Jahren ist Karl May ein *no name*, nichts als ein alter Mann, der mit aller Zeit der Welt an seinem Hotelzimmerfenster sitzt und die Veränderungen der Wüste beobachtet. Keine Fans, die ihn bedrängen und an seine narzißtische Schwäche, die Sucht nach Anerkennung, erinnern. Karl May ergeht es nicht anders als Tausenden von Orient-Pilgern auch: Masken fallen, Applaus wird zum irritierenden Störfaktor, vergrabene Ideale drängen sich ins Bewußtsein. Die Identifikation mit *Old Shatterhand resp. Kara Ben Nemsi* erscheint plötzlich schmerzhaft hohl und lächerlich, die reale Welt durchdringt den Schleier seines Fantasy-Kosmos. Karl Mays Flucht in das Traumreich des ewigen Helden ist an ihrem Ende angelangt.

»Du bist Old Shatterhand?« fragte er...

»Ich war es«, antwortete ich ruhig, aber bestimmt...

»Du bist Kara Ben Nemsi Effendi?«

»Ich war es«, erwiderte ich abermals...

Am 10. September 1900 teilt May seinem Verleger Fehsenfeld mit: *Zu Ihrer Orientierung folgendes: Alle meine bisherigen Bände sind nur Einleitung, nur Vorbereitung.*

Was ich eigentlich will, weiß außer mir kein Mensch. Ich trete erst jetzt an meine eigentliche Aufgabe.

Der Bruch geht mitten durch seinen vierbändigen Roman »Im Reich des silbernen Löwen«, Mays »intellektuell, artistisch und sprachlich bedeutendste literarische Leistung« (Roxin). Bewältigt Kara Ben Nemsi in den vor der Reise entstandenen Bänden I und II noch auf die alte Art diverse Abenteuer, so wird sein Superman-Image nun konsequent abgebaut: Er läßt sich - unvorstellbar! - sein Pferd und seine Waffe klauen, hechelt den Dieben betröppelt zu Fuß hinterher und wird von denselben Leuten noch einmal hereingelegt: er erkennt sie nicht (!), hält sie für Freunde und läßt sich von ihnen Opium in den Kaffee schütten. Schließlich fällt Kara typhus-infiziert in einen todesähnlichen Schlaf. Der Wiedererweckte hat seine alte Streetfighterseele endgültig abgestreift, der individualistische Abenteurer mit Missionarstouch ist zur *Menschheitsfrage*, zum Friedensstifter geworden. *Ich ging in diesem Augenblick in ein anderes Leben über, und dieses andere wird ein höheres, schöneres, edleres, unendlich wertvolleres sein.* Von nun an schreibt er jene symbolisch-surrealistischen Schlüsselromane, die Ernst Bloch als »verschroben und privat«, als »langweilig und also verloren« enttäuschten, Arno Schmidt aber zu seiner berühmten Hymne veranlaßten: »Hier sieht man May als das, was er ist: der bisher letzte Großmystiker unserer Literatur.«

Monograph der Menschheitsseele

Der männliche Held wird durch Marah Durimeh, die *Menschheitsseele*, in den Schatten gestellt, deren Weisheit sich selbst Kara Ben Nemsi unterordnen muß. Die alten Rabaukenwerte - Körperkraft und Jägerinstinkt - weichen moralisch-intellektuellen Herausforderungen. Mays erstes Werk nach der Rückkehr wird »Und Friede auf Erden!«, in dem er den Imperialismus der europäischen Großmächte und eine humanistische Utopie kontrastiert. »Ein mit stärkstem Talent geschriebenes Buch. Voll metaphysischer Bizarrerie, voll Mystik, eine kunterbunte christliche und buddhistische Weltanschauung...«, urteilt das »Neue Wiener Tageblatt« im Oktober 1904.

In seinem letzten Roman »Winnetou IV« bringt er schließlich alle noch schwelenden Konflikte zu einem harmonischen Ende: *Krieger- und Indianerspiele* sind out, Weiße und Rote vereinen sich zu einer neuen Edelmenschenrasse von deutlich matriarchaler Prägung, und selbst Old Shatterhand muß den Bärentöter fallen lassen und sich mit seinem Haßgegner von einst, dem Kiowa-Häuptling Tangua versöhnen.

Der alte Mann hat - nach mehr als sechzig Jahren - die nach innen gewendeten Augen geöffnet und die Außenwelt entdeckt. Das *Karl-May-Problem* ist zum *Menschheitsproblem* geworden, der durch Lieblosigkeit individuell frustrierte Narziß zum politisch denkenden, humanistisch-pazifistischen Fundamentalisten erstarkt. *Ich beschreibe die Menschheit, wie sie ist; ich betrachte sie nicht durch unsere europäische Brille. Und ich lobe die Menschlichkeit oder ich tadle die Inhumanität, wo ich sie finde. Ich habe also alle Egoisten gegen mich, die für ihre Person und ihre persönlichen Ansichten mehr Rechte oder größere Rechte verlangen als man ihnen gestatten kann. Lassen wir sie reden!* schreibt er im März 1905 an einen Freund. Da ahnte er wohl noch nicht, daß er den kargen Rest seines Lebens in Auseinandersetzungen mit diesen Gegnern verschwenden würde...

IX. Unter Geiern

»Welche Menge, ja Masse von Sünden hat die millionenköpfige Hydra, welche wir Gesellschaft nennen, auf dem Gewissen! Und gerade diese Gesellschaft ist es, welche mit wahrer Wonne zu Gerichte sitzt, wenn der Krebs, an dem sie leidet, an einem einzelnen ihrer Glieder zum Ausbruch kommt. Mit welch' frommen Augenaufschlage, mit welchem abweisenden Nasenrümpfen, mit welcher Angst vor fernerer Berührung zieht man sich da von dem armen Teufel zurück.«

Karl May

Im Spätsommer 1882 hatte May noch einmal bei einem Wiedersehen mit Heinrich Münchmeyer per Handschlag vereinbart, dem vor der Pleite stehenden Kolportageverleger einen Roman zu liefern. Ab November erschien »Das Waldröschen oder Die Verfolgung rund um die Erde. Großer Enthüllungsroman über die Geheimnisse der menschlichen Gesellschaft«, eine abenteuerliche Odyssee mit einem Old Shatterhand-Vorläufer (der auch schon Gegner per Faustschlag ins Abseits schickt) und deutlicher Verwurzelung in Sues »Geheimnisse von Paris«, Dumas' »Der Graf von Monte Christo«, Vulpius' »Rinaldo Rinaldini« und anderen Ritter- und Räuberromanen, die May in seiner Jugend verschlungen hat. Um Mays inzwischen erworbenen literarischen Namen nicht mit anrüchigem Kolportagestoff zu gefährden, wird das »Waldröschen« unter dem Pseudonym Capitain Ramon Diaz de la Escosura veröffentlicht. Das in 109 Folgen ausgelieferte Werk wird ein Riesenerfolg, und May läßt sich überreden, vier weitere Mammuterzählungen zu schreiben - insgesamt 12.390 Seiten in fünf Jahren, mehr als ein Drittel seines gesamten Lebenswerkes!

Münchmeyer stirbt 1892, und seine Witwe verkauft das Geschäft an den Leipziger Verleger Adalbert Fischer. May untersagt dem Newcomer schriftlich, die alten Kolportageromane neu aufzulegen, doch Fischer kennt Mays Vergangenheit und fühlt sich sicher. Ab 1901 bringt er alle fünf Romane unter Bruch des Pseudonyms als »Karl May's illustrierte Werke« in 25 Bänden auf den Markt. May geht gerichtlich dagegen vor, erreicht aber letztlich nur in einem Vergleich die Erklärung Fischers, daß, falls in den Münchmeyer-Romanen »etwas Unsittliches enthalten sein sollte, dies nicht aus der Feder des Verfassers stammt, sondern von dritter Seite hineingetragen worden ist«.

Doch zu spät: Die spektakuläre Wiederveröffentlichung der trivialen Frühwerke zwanzig Jahre nach ihrem Entstehen hatten den inzwischen zum Kultautor mit zunehmend pazifistischer Tendenz avancierten Karl May sofort zur Zielscheibe der deutschnationalen »Schundkampf-Bewegung« gemacht. Die post-Bismarcksche Euphorie der Bürgerkinder ist in den neunziger Jahren ersatzlos verpufft. Die Wirtschaft stagniert, eine neue Repression kündigt sich an. Wilhelm II. und seine Junker wollen zwar ihre Macht nicht teilen, mit den innenpolitischen Problemen werden sie aber auch nicht fertig: ständige Streiks erschüttern die Ordnung, die Sozialdemokratie hat schon 81 Sitze im Reichstag (mehr als drei Millionen Stimmen), und nun demonstrieren sogar die Frauen für ihre Zulassung zu politischen Versammlungen und Vereinigungen... Außenpolitisch ist nichts mehr zu holen

- mit *dem* Kaiser schon gar nicht -, die liberalen Vordenker der 48er Generation sind ausgeschaltet; da gilt es nun, wenigstens innenpolitisch zu sichern, was man hat. Eine Welle der Restauration überschwemmt das Land, der Mann'sche Untertan erblüht zur vollen Reife. Sittlichkeitsvereine schießen aus dem Boden; alles, was sich über den beschränkten Horizont des deutschen Spießbürgers hinauswagt, muß weg. Und da entpuppt sich ausgerechnet der populärste Autor der Jahrhundertwende, der bisher als sittlich einwandfreier, katholischer (!) Autor geltende Karl May, als Verfasser anrüchiger Groschenhefte für proletarische Erstleser. Welch ein empörender Anlaß für eine Großoffensive gegen den undeutschen Schund!

»Ich will keinem Menschen Böses wünschen«, läßt der oldenburgische Heimatdichter Georg Ruseler verlauten, »aber ich gönne ihm nicht weitere 10 Jahre seines arbeitsreichen Lebens; denn ich vermute, daß der dann noch 25 - 30 Romane schreiben würde...« Selbst die katholische Publizistik, die May bis dahin hoch gelobt hatte (immerhin veröffentlichte er in dem katholischen Familienblatt »Deutscher Hausschatz« seit zwanzig Jahren fast alle seine großen Romane, u.a. den gesamten Orient-Zyklus), bekämpft nun den Verfasser »abgrundtief unsittlicher« Romane. Deren erotische Qualitäten wirken allerdings »auf den heutigen Leser eher erheiternd« (Roxin) und bringen seinerzeit nicht einmal einen Staatsanwalt auf die Idee, die Bücher als Pornographie zu verbieten. Sie dürften wohl auch eher für die katholische Rechtsaußenfraktion ein willkommener Vorwand gewesen sein, den von seiner Orientreise vom bigotten Kirchenprediger zum toleranten überkonfessionellen Jesus-Jünger Gewandelten abzustoßen. So predigt der Dresdener Kaplan Paul

Rentschka im Dezember 1908 sogar von der Kanzel herab gegen Mays »allergefährlichste Propaganda« für den »Indifferentismus und Modernismus«, der nur nach *Friede auf Erden!* rufe, ohne klar die Grenzen zwischen Guten (Christen) und Bösen (Heiden) zu ziehen.[13]

Hermann Wohlgschaft weist im »Jahrbuch der Karl-May-Gesellschaft 1991« bei der Analyse von Mays einzigem Drama »Babel und Bibel. Arabische Fantasia« (1906) auf einen anderen Aspekt hin, der das Mißtrauen der autoritären Männerriege unter Gottes eisernem Kreuz erregen mußte: »Mays Spätwerk läuft hinaus auf den Gegenentwurf zum einseitig männlich verstandenen Gottesbild und in der Folge dann auch zur männlich beherrschten Kirchenstruktur. Mit poetischen Ausdrucksmitteln wird, bis zu einem gewissen Grade, die feministische Theologie des ausgehenden 20. Jahrhunderts in 'Babel und Bibel' vorweggenommen.«

Durch eine fingierte Beleidigungsklage gelingt es Mays Gegnern, seine Strafakten vor einem Gericht verlesen zu lassen. Mays Hauptkontrahent, der Journalist Rudolf Lebius, stenographiert fleißig mit.

Rudolf Lebius (1868 - 1946) wandelte sich innerhalb von wenigen Jahren vom Sozialdemokraten zum Aktivisten rechts-radikaler Gruppierungen der »Deutschen Kolonialge-

---

13 Ausgerechnet diesem Kaplan vertraute der Karl-May-Verlag 1919 die »Bearbeitung« von »Und Friede auf Erden!« an! Der Pfaffe kürzte rund einhundert Seiten. 1938 genügte auch das nicht mehr. Neue Machthaber - neue Werte: ein Otto Eicke säbelte erneut »anstößige Stellen« ab. Eine detaillierte Darstellung liefert Ekkehard Bartsch in seinem Beitrag »'Und Friede auf Erden!' Entstehung und Geschichte« im »Jahrbuch der Karl-May-Gesellschaft 1972/73«, S. 108ff.

sellschaft« oder der antigewerkschaftlichen »Gelben Werkvereine«. Mit Karl May traf Lebius erstmals 1904 zusammen, als er ihm anbot, gegen »einige tausend Mark (3-6)« als »Darlehen« für sein marodes »nationalsoziales« Wochenblatt »Sachsenstimme« positive Beiträge über ihn zu verbreiten. May lehnt den dubiosen Deal ab. Lebius bleibt hartnäckig, schickt weitere Briefe und anonyme Kartendrohungen, die ihm u.a. eine Anzeige wegen Erpressung einbringen, drängt schließlich einen gemeinsamen Bekannten zur Vermittlung: »Mehr als 10.000 Mark brauche ich nicht. Ich würde aber auch mit weniger vorlieb nehmen. Könnten Sie nicht Dr. May bearbeiten?« Sein Provisionsangebot: ein Prozent der erschacherten Summe. Als auch das nichts einbringt, startet Lebius am 2. September 1904 die zweite Welle der Anti-May-Kampagne mit einer Artikelserie in der »Sachsenstimme«, in der er von sagenhaften Reichtümern Karl Mays, durch niedere Kolportageschreibereien verdient, phantasiert und auch Mays Jugendstrafen andeutet (nicht ohne gleichzeitig in Radebeul anzufragen, ob May jetzt seine Haltung in der Kreditfrage geändert habe, weiterhin erfolglos). Zu Weihnachten läßt Lebius in Dresdener Buchhandlungen Plakate mit der Schlagzeile aushängen: »Die Vorstrafen des Karl May«.

Mit immer wüsteren, aber effektiven und von der Presse breit nachgedruckten Behauptungen, nach denen May beispielsweise Chef einer Räuberbande gewesen sei, den alten Pollmer erwürgt und seine eigene neunjährige Nichte sexuell mißbraucht habe, ruiniert er den Ruf des Autors irreparabel.

May wehrt sich offensiv: Schon 1902 ließ er eine umfangreiche Verteidigungsschrift in einer Auflage von 100.000 Exemplaren zum Preis von zehn Pfennig verbreiten, in den

Folgejahren prozessiert er pausen- und orientierungslos gegen Kritiker und Verleumder. Doch am 12. April 1910 erlebt er vor dem Amtsgericht Berlin-Charlottenburg eine Niederlage, von der er sich nie mehr erholen sollte: Lebius hatte ihn in einem Brief als »geborenen Verbrecher« bezeichnet. May reagiert übernervös und verklagt Lebius, erscheint aber angesichts der klaren Rechtslage ohne Anwalt zum Prozeßtermin. Doch der greise Richter läßt sich einschüchtern und spricht Lebius, der gleich mit drei Anwälten erschienen war, ohne Prüfung der Fakten frei.[14] Mit diesem offiziellen Urteil ist für die Presse alles klar. »Enthüllungsreportagen« kolportieren die Legende vom »Räuberhauptmann aus dem Erzgebirge« weiter, die nun erscheinenden Romane, das May so wichtig gewordene Alterswerk, finden kaum Beachtung, die alten Reiseerzählungen gelten plötzlich als schlecht. Buchhandlungen nehmen May aus ihrem Angebot. Seine Jahresauflage sinkt von 80.000 Exemplaren im Jahre 1902 auf weniger als ein Viertel. Mays Drama »Babel und Bibel« erscheint gar nur in einer Startauflage von 1.500 Exemplaren! »Unter die bürgerliche Existenz dieses Schriftstellers dürfte ein dicker Strich gezogen sein«, kommentieren die »Leipziger Neueste Nachrichten« das Berliner Gerichtsurteil. »Wie ist es möglich, daß ein armer, unwissender, entlassener Häftling mit einer flammenden Pöbelphantasie und einem groben Talent, Räubergeschichten zusammenzuschmieren, sich zu Deutschlands beliebtestem Jugendschrift-

14 Eine ausführliche Darstellung der juristischen Auseinandersetzungen veröffentlichte Maximilian Jacta in seiner Reihe »Berühmte Strafprozesse«, Band »Deutschland III«. Goldmann, München 1972. Der Karl-May-Verlag Bamberg brachte die Abhandlung unter dem Titel »Zu Tode gehetzt. Der Fall Karl May« broschiert heraus.

steller und literarischem Propheten emporgeschwindelt hat oder emporgeschwindelt worden ist?« fragt sogar ein Blatt in Norwegen.

Und Lebius' »Vernichtungsfeldzug« - wie er selbst es nennt - geht weiter: Im November 1910 veröffentlicht er im eigenen »Spreeverlag« neben diversen völkisch-antisemitischen Schriften auch die 335seitige »Dokumentation« »Die Zeugen Karl May und Klara May«. Sie enthält das effektvoll aufgearbeitete Aktenmaterial über Mays Vorstrafen, seine Ehescheidung und weitere Vorwürfe. May bricht zusammen. *Seit einem Jahr ist mir der natürliche Schlaf versagt. Will ich einige Stunden ruhen, so muß ich zu künstlichen Mitteln, zu Schlafpulver greifen. Auch essen kann ich nicht. Täglich nur einige Bissen. Dafür aber Schmerzen, unaufhörliche, fürchterliche Nervenschmerzen. Ich möchte am liebsten sterben, sterben, sterben,* bekennt er in der direkt im Anschluß an den Berliner Prozeßtermin begonnenen Autobiographie. Weihnachten zieht er sich eine Lungenentzündung zu, das ganze Jahr 1911 ist er aufgrund von Krankheiten und Schwächeanfällen fast arbeitsunfähig.

Karl May 1911 - im Jahr vor seinem Tod

Am 18. Dezember 1911 hebt das Landgericht Berlin-Moabit das Fehlurteil des mittlerweile pensionierten Richters auf und verurteilt Rudolf Lebius wegen schwerer Beleidigung. May gelingt es, ein Verbot der Lebius-Dokumentation zu erreichen. Er lebt noch einmal auf.

Am 22. März 1912 hält er in Wien vor dreitausend Zuhörern eine zweistündige freie Rede zum Thema »Empor in das Reich der Edelmenschen«, ein Zitat aus dem Buch »Der Menschheit Hochgedanken« der Friedensnobelpreisträgerin von 1905, Bertha von Suttner, die ebenfalls im Publikum sitzt und in den letzten Jahren großen Einfluß auf Mays Denken und Schaffen gewonnen hat. Doch May, gegen den Rat seines Arztes angereist, kehrt mit Fieber nach Radebeul zurück. Acht Tage später, am 30. März 1912 gegen acht Uhr abends, stirbt er an einem Herzschlag. Sein *eigentliches Werk*, das u.a. *6 - 10 Bände, von Winnetou hinterlassen und von ihm selbst erzählt, sein eigentliches Testament!* enthalten sollte, hat Karl May nicht mehr schreiben können. Seine letzte Arbeit bleibt der 147 Seiten umfassende Schriftsatz an das Berliner Landgericht, in dem May seinen Einspruch gegen das Lebius-Urteil begründet:

Es handelt sich nicht etwa nur um meine kleine, unbedeutende Person, sondern um das Gelingen eines Lebenswerkes, welches bestimmt ist, Millionen von Menschen zu beglücken. Wenn es nicht vollendet wird, so können Jahrhunderte vergehen, ehe eine Wiederholung möglich ist. Ja, vielleicht treffen sich die äußeren und inneren Umstände nie so wieder!

FANS

»Bloch und ich prüften und examinierten einander bei einem Spaziergang auf dem 'Philosophen-Weg' mit detaillierten Fangfragen über die Verwandtschaftsverhältnisse der weniger bekannten Gestalten aus dem wilden Kurdistan oder der Umgebung des Llano Estacado und konnten uns nicht überrumpeln. Schließlich legte Bloch mich durch eine Frage hinein, die ich nicht beantworten konnte: wie die Cousine des 'Schut' geheißen habe. Es stellte sich dann heraus, daß er gar keine hatte.« *Carl Zuckmayer*

oder: was haben

Konrad Adenauer, Alfred Andersch, Hermann Bahr, Helmut Baierl, Lex Barker, Imke Barnstedt, Thomas Le Blanc, Ernst Bloch, Heinrich Böll, Bertolt Brecht, Pierre Brice, Hermann Broch, Arnolt Bronnen, Günter de Bruyn, Rudi Carrell, Nancy Christian, Utta Danella, Alfred Döblin, Marion Gräfin Dönhoff, Hilde Domin, Hans Dominik, Marie Luise Droop, Wiglaf Droste, Friedrich Dürrenmatt, Günter Eich, Albert Einstein, Marianne Enzensberger, Rainer Erler, Hans Fallada, Joachim Fernau, Iring Fetscher, Leonhard Frank, Petra Gall, Peter Gauweiler, Valeska Gert, Ralph Giordano, Curt Goetz, George Grosz, Gabriele Haefs, Paulus Leopold Haffner (Bischof von Mainz), Peter Handke, Thea von Harbou, Maximilian Harden, Hans Hauser, Hermann Hesse, Theodor Heuss, Georg Heym, Dieter Hildebrandt, Adolf Hitler, Bernard Höting (Bischof von Osnabrück), Erich Honecker, Henry Hübchen, Ernst Jünger, Hermann Kant, Julius Karr-Bertoli, Jörg Kastner, Egon Erwin Kisch, Ekkehard Koch, Helmut Kohl, Heinz Günther Konsalik, Ernesto Kroch, Franz Xaver Kroetz, Anke Kuckuck, Dietrich Kuhlbrodt, Hans-Joachim Kuhlenkampff, Fritz Lang, Olaf Leitner, Franz Leopold von Leonrod (Bischof von Eichstätt), Karl Liebknecht, Jürgen von der Lippe, Erich Loest, Heinrich Lübke, August Macke, Heinrich Mann, Manfred Maurenbrecher, Thomas Maurer, Wolfgang Mischnick, Gojko Mitic, Erich Mühsam, Helmut Nickel, Gret Palucca, Kim Parnass, Harald Petersson, Hainer Plaul, Arnulf-Winfried Priem, Günter Rätz, Michael von Rampf (Bischof von Passau), Peter Rosegger, Claus Roxin, Reginald Rudorf, Jacques Santer, Rafik Schami, Walter Scheel, Max Schmeling, Arno & Helmut Schmidt, Wolfdietrich Schnurre, Peter Schreier, Albert Schweitzer, Rolf Schwendter, Ina Seidel, Barbara Sichtermann, Johannes Mario Simmel, Robert Siodmak, Viktor Staal, Klaus Staeck, Jürgen Stark, Franz Joseph von Stein (Erzbischof von München), Angela & Karlheinz Steinmüller, Franz Josef Strauß, Bertha von Suttner, Georg Thomalla, Ernst Toller, Bernd Wagner, Martin Walser, Franz Werfel, Gerd Westphal, Herbert Wieser, Gabriele Wolff, Hans Wollschläger, Carl Zuckmayer und Gerhard Zwerenz

gemeinsam?

Zu Weihnachten 1991 bat ich Bekannte - Freunde und Prominente - um kurze Texte über ihre persönlichen Leseabenteuer mit Karl May. Die Reaktionen waren überraschend zahlreich und vielfältig. Viele nutzten den »Vorwand«, um wieder in ihre Jugendzeiten einzutauchen, einige begannen sogar nach Jahren der Abstinenz erneut mit der May-Lektüre.

Leider nur eine Auswahl der insgesamt mehr als fünfzig Antworten möchte ich auf den folgenden Seiten - mit Dank an die VerfasserInnen - dokumentieren.

I

Daß ich die hohe Kunst des Bruchrechnens schließlich doch noch verinnerlicht habe, war einer Mischung aus Zufall und Disziplin zu verdanken.

Denn was den dreizehn/vierzehnjährigen Schüler des Realgymnasiums Icking im Isartal weit mehr faszinierte als trockene Zahlenspiele vorn an der Tafel, das war ein lesegerecht aufgeschlagenes Buch, versteckt unter dem Pult, mit rund 400 Seiten, das ungeahnte Abenteuer enthielt. Ferne Welten taten sich auf, kleingedruckt auf dünnem Papier. Das hohe Lied von Freundschaft und Blutsbrüderschaft zwischen weiß und rot wurde besungen. Es ging um Liebe und Tod in einer geradezu grenzenlosen Weite. Go west young man! Die Marlboro-Welt der Jahrhundertwende.

II

Karl May!

Welcher Autor sonst könnte es gewesen sein, der die Algebra so nachhaltig besiegte.

Und wenn Sie mich jetzt nach dem Titel fragen... Da kann ich nur müde lächelnd abwinken: »Alle!« Alle Titel! Allesamt. Ohne Ausnahme. 56 Bände, glaube ich, waren es. Und ich habe sie schließlich und endlich auch alle geschafft!

So etwas verlangt natürlich Aufmerksamkeit, Konzentration und viel Zeit! Da hat nichts anderes mehr Platz in einem Knabenhirn! Die Katastrophe war absehbar.

III

Mein Vater hatte daran keine Schuld. Der Studiendirektor Ernst Emanuel Erler, Gründer und Leiter einer höheren Bürgerschule in der malerischen Lößnitz bei Dresden, war ein enger Freund von Karl May gewesen. Er nannte ihn stets »mein lieber Kollege«. Denn auch Karl May war einstmals Lehrer. Sie becherten gemeinsam im winzigen Hinterzimmer des Weinbaumuseums hoch über der Elbe. Es war eine Gründung meines Vaters. Und der »liebe Kollege« revanchierte sich für die kollegiale Verbundenheit so nach und nach mit der kompletten Erstausgabe seines Werkes.

IV

Als mein Vater dann, Anfang der dreißiger Jahre, aus politischen Gründen (als designierter Abgeordneter der Deutschen Volkspartei des Herrn Stresemann) seine Schule und das geliebte Dresden verlassen mußte, nach München zog und dort eine neue Familie gründete, blieben die 56 signierten Bände Karl May im Regal der Schulbibliothek.

Vielleicht stehen sie immer noch dort, haben möglicherweise Naziherrschaft, Zweiten Weltkrieg und das SED-Regime in der nun »Andersen-Nexö-Schule« getauften Lehranstalt überdauert - und erregen immer noch meinen blanken Neid. Den Neid des Spätlings, des einzigen Sohnes eines alternden Schulmeisters, in München, wie gesagt, geboren, in der Emigration, weit entfernt also von jenen Erstausgaben, und als legitimer Erbe um einen Schatz geprellt, von dem man nur träumen konnte.

V

Aber dann lag Dresden, lag auch München im Trümmern. Es war die Zeit eines großen Krieges. Wir wohnten, fast unbeschädigt, am

Stadtrand. Da tauchte ein neuer Nachbar auf. Der war »ausgebombt«, wie das damals hieß, und hauste nun in einer morschen Blockhütte nebenan.

Und dieser gute Mann hatte nur wenig, aber immerhin 56 Bände Karl May aus seinem brennenden Haus gerettet.

Welche Fügung. Ich hatte freien Zugang zu einer nicht mehr versiegenden Quelle! Alle zwei, drei Wochen ein neuer Band.

VI

Das deutsche Volk und sein Führer warteten auf den angekündigten Endsieg. Ich, allerdings, bangte um die Entscheidungsschlacht zwischen den edlen Apachen und den verräterischen Comanchen am Wild-Water-Creek.

Wir saßen tagsüber und auch nachts in einem behelfsmäßigen Luftschutzkeller. Die Bomben fielen rings um uns her. Ich fürchtete mich nicht allzusehr. Denn Phantasie macht unverwundbar.

Und was war da draußen schon geschehen? Die Trapper hatten sich in ihrer Wagenburg verschanzt und schossen um ihr Leben.

VII

Die Schule in München war abgebrannt. Bis auf die Fundamente. Ich hatte, ehrlich gesagt, dagegen nicht viel einzuwenden. Man lernt eine Menge auf der Spurensuche in der Savanne, auf dem Kriegspfad durch die Wälder Montanas, in den Mangrovensümpfen des Mississippi, auf der Flucht durch das Gewirr der tiefen Canyons.

Es gab auch keine Alternative mehr für klassische Bildung und Unterricht! Züge und Busse verkehrten nicht mehr.

Kein Problem. Ich hatte in dieser Zeit das Wort »Langeweile« nicht gekannt. Mit einer Taschenlampe, angeschlossen am Klingeltransformator, denn Batterien waren knapp, folgte ich unter der Bettdecke einem gefährdeten Wagentreck, den Old Surehand durch die Schluchten der Rocky Mountains führte.

VIII

Der Krieg ging erst langsam, dann abrupt zu Ende. Wir Elfjährigen sollten eigentlich noch Werwolf spielen. Man bildete uns als die geheime Wunderwaffe aus, mit Panzerfäusten, die es - gottlob - nur noch als Attrappen gab.

Ich, allerdings, verriet das teure Vaterland und seinen obersten Feldherren, der Europa so erfolgreich niedergebrannt hatte, blieb unauffindbar, verschollen zwischen Ruinen. Es waren die Ruinen von Ninive und Babylon, die Kara Ben Nemsi durchstreifte.

Die Front kam näher mit dumpfem Dröhnen. Ich war weit weg, entrückt, ritt irgendwo durchs wilde Kurdistan, durch das Land der Skipetaren.

Die Helden Karl Mays lagen mir mehr am Herzen als alle Helden des Krieges. Old Shatterhand und Winnetou gegen Udet (des Führers Jagdflieger), Rommel (des Führers Wüstenfuchs) und Prien (des Führers U-Boot-Kommandant).

IX

Und plötzlich lag eine geradezu atemberaubende Stille über dem Land. Das nannte sich »Frieden«!

Auf den Panzern der Amerikaner, die überraschend die Straßen beherrschten, saßen nicht etwa Indianer, wie ich erwartet hatte, sondern kaugummikauende Neger mit finsteren Gesichtern und Maschinenpistolen.

So endete für mich der Zweite Weltkrieg wie auch das Dritte Reich in gewisser Weise enttäuschend.

Die Städte lagen in Trümmern. Millionen irrten als Flüchtlinge durch das Land. Das Volk hungerte. Die Schuldfrage wurde nicht diskutiert. Man hatte uns alle - wie das damals so hieß - schmählich belogen und betrogen.

Es war eine Zeit der großen Lügen!

Das begriff auch ich. Doch an Karl May und seiner Wahrheitsliebe zu zweifeln wagte ich nicht! Was heißt hier: »Fiktion«? Karl May war authentisch! Ich hatte seine Abenteuer schließlich alle selbst und höchstpersönlich erlebt und durchlitten!

X

Die Schulen blieben weiterhin geschlossen in diesem ersten Nachkriegssommer. Ich vermißte sie immer noch nicht. Auch nicht den Krieg. Denn auf der Prärie wurde weitergekämpft. Die Überfälle auf die Settler rissen nicht ab.

Da wollte mein Vater, zu meinem zwölften Geburtstag, dem freundlichen Nachbarn alle 56 Bände abkaufen. Aber der wollte kein Geld dafür. Der wollte Eier und Schmalz. Das hatten wir nicht. Wir hatten nur Kartoffeln. Die schrumpelten im ehemaligen Luftschutzkeller nur vor sich hin und entwickelten fahle Triebe. Nachts träumte ich von Spareribs, am Lagerfeuer gegrillt, von Bärentatzen und Bisonherzen am Spieß.

XI

Nach einem vollen Jahr - gleich 22 Bände Karl May - öffneten die Schulen unter Kontrolle der US-Militärregierung wieder ihre Pforten. Ich fuhr nun mit einem Dampfzug zu einem Gymnasium aufs Land. Das Isartal hinauf. Eine Stunde morgens hin, eine Stunde am Nachmittag zurück, zwei Fahrten zu jeweils zehn Buch-Seiten.

Und dort in diesem Gymnasium mit Blick auf die Alpen, dort schließt sich der Ring meiner Geschichte. Dort bahnte sich die Versetzungskatastrophe an wegen vorsätzlicher Ignoranz in Sachen Mathematik.

Ich war jedoch clever und diszipliniert genug, das Schlimmste zu vermeiden.

Und nach einem weiteren, knappen halben Jahr war ich ohnehin durch. Durch diese Krise. Durch die 56 Bände.

Der freundliche Nachbar zog mit seinen Büchern wieder in die Innenstadt, in eine Notwohnung. Und ein paar Jahre später machte ich Abitur mit einer glatten Eins in Mathematik.

XII

Das Happy-End erwähne ich nur, weil es als Moral der Geschichte herhalten könnte.

Als die Zeichen auf Sturm standen, schritt mein Vater nicht ein. Der alte, weise Pädagoge stellte nur fest: »Wenn er motiviert ist, wird er begreifen. Und wenn er begreift, wird er auch lernen. Vorher nicht!«

Gegen den »lieben Kollegen« Karl May hätte er ohnehin niemals argumentiert.

Rainer Erler, München
Autor und Regisseur

***

Unter Geiern

Echte Fans zweifeln nicht daran, daß Karl May sich zumindest an einem Tage seiner Schöpfungsgeschichte schwer vertan hat. Ich vermute, der Mann hatte einfach einen schweren Kater, saß da in seiner kargen Schreibkammer, während unten seine Emma die Leute ins Haus ließ. Er durfte oder wollte nicht mitfeiern, brütete mit Kaffee und Zigarren über den Sinn des indianischen Lebens. May saß also da, ich sehe es genau vor mir, mit leichten Schweißperlen auf der Stirn, während im Magen, angereichert durch Nikotin und Koffein, ein höllisches Säuregemisch brodelte. Kleine Ameisen auf dem Weg zum Stammhirn. Quer über die Ganglien. Und all das ausgerechnet zu diesem Zeitpunkt. Denn Winnetou reitet über die Prärie - und das schon seit zwei Bänden. Und Alka Selzer ist noch nicht erfunden! May leidet wie ein Hund, schlürft Wasser wie einer, der gerade durch die Wüste geritten ist. Und wieder das blanke Papier. Und Winnetou reitet und reitet. Schrecklich. Das Klappern der Hufe schmerzt in seinem Kopf, der Wind bläst ihm den Präriestaub direkt ins Gesicht - May sitzt in der ersten Reihe. Irgendwann an diesem für uns alle so tragischen Abend muß er kapituliert haben. Mit dem Blick in die schwarze Ferne hat Karl May auf das Winnetou-III-Szenario geblickt - und mit leisem Fluch und bösem Pinselstrich den Häuptling der Apachen gekillt. Einfach so. Danach wird er vermutlich an den Besuchern mit traurigem Blick vorbeigeschlurft sein, Emma wird gerufen haben: »Karl! Setz' dich doch noch ein wenig zu uns, es ist gerade sooo nett...!« Mit abweisender Handbewegung wird er weiter in Richtung Schlafkammer gewankt sein und nur noch kurz gemurmelt haben: »Nee, laß man, mir geht's heute irgendwie nich' gut...« Und die Geier und Aasfresser haben gelacht und sich über Winnetous Leichnam hergemacht. Uns war damit so mancher Nachmittag verdorben.

Schöne und bessere Stunden der Kindheit. Vaddern hatte uns in den großen Bodenräumen auf dem Dach des Mietshauses in Hamburg-Winterhude eine Kammer gebaut. Eine ganz andere Welt. Mein erster eigener Mikrokosmos. Darin befand sich alles, was man zum Spielen benötigte: Cowboyhüte und -pistolen, Sheriffstern und Indianerschmuck - und der programmatische Winnetou-BRAVO-Starschnitt. Unsere Kultfigur und Reliquie war immer dabei. Mal war man Old Shatterhand, mal Old Surehand, aber immer wieder und am liebsten Winnetou. Die Lichtgestalt unserer Kindheit, stark und schön, ein wenig einsam aber gerecht, immer im Kampf gegen das Böse, umweht von den Düften der Freiheit und des unendlichen Abenteuers. Pshaw! Damit wuchs man auf, entstand sowas wie eine erste kleine Lebensphilosophie. In der Erinnerung beeindruckt mich noch heute diese liebevolle Herangehensweise an fremde Völker und andere Kulturen. Allein die vielen, vielen Dialoge zwischen Islam und Christentum, die da zwischen Kara Ben Nemsi und Hadschi Halef Omar geführt wurden, die kleinen Liebeserklärungen an knackbraune Insulaner in solchen Bänden wie »Am stillen Ozean« - und die großartige Hommage an all die von den Weißen weggemetzelten Rothäute, all das ist immer noch seltsam aktuell. Auch in Zwickau soll es heute Ausländerfeindlichkeit geben, wie in der gesamten deutschen Umgebung - haben diese geifernden Idioten denn keine Kindheit gehabt?! Wie kann man diese leeren Hirne und fremdbestimmten Herzen schnellstens mit May-Lese- und Denk-Stoff füllen?! Eine Welt freier und friedlicher Völker, die sich und das jeweilige Anderssein als unendliche Bereicherung des Lebens betrachten. Ein Leben voller Neugier und Begegnung, mal wild, mal zärtlich. Ach, was war das für eine herrliche Kindheit...

Jürgen Stark, Hamburg
Autor und Journalist

***

Auf fremden Pfaden

Zu den guten Erinnerungen an meine Kindheit gehört Karl May. Sein Name ist für mich untrennbar verbunden mit meinem Onkel Otto in Holzweißig, dem Mann von Tante Hulda, einer der acht Geschwister meiner Oma Alma. Onkel Otto war ein leidenschaftlicher Jäger und Angler, und was für die ganze Familie noch wichtiger war: er war Bäcker. Welch königlicher Beruf das seinerzeit war, kann wohl nur der ermessen, der die Hungerjahre um 1947 miterlebt hat.

So weiß ich nicht mehr, was mich damals mehr dazu brachte, den Fußmarsch vom einige Kilometer entfernten Bitterfeld in das kleine Holzweißig bei jeder sich bietenden Gelegenheit anzutreten: die Aussicht auf ein gutes Essen oder ein anderer Schatz, den Onkel Otto hütete und die Kinder der ganzen Familie magisch anzog. Er besaß eine komplette Sammlung der bis dato erschienenen Karl-May-Bücher, einschließlich Nebenausgaben, die nicht in der offiziellen Reihe erschienen waren.

Um an diese Kostbarkeiten heranzukommen, mußte man sich jeweils jedoch an bestimmten rituellen Übungen beteiligen. Zunächst bekam man eine der zahllosen Jahresbände der Zeitschrift »Jagd und Hund« oder »Auf der Pirsch« in die Hand gedrückt. Hatte man lange genug darin herumgeblättert, folgte eine ausführliche Belehrung über den pfleglichen Umgang mit kostbaren Büchern, worauf man sich für den Rest des Nachmittags einen Karl-May-Band aussuchen und auf dem Ledersofa lesen durfte.

Erst nach einiger Zeit, nachdem man sich des Vertrauens als würdig erwiesen hatte, durfte man hin und wieder ein Buch gegen das Versprechen, es ja nicht weiterzugeben, mit nach Hause nehmen.

Aus Angst, alle Bände zu schnell ausgelesen zu haben, teilte ich mir dann die täglich zu lesende Seitenzahl nach dem damals geläufigen Prinzip der Schiebewurst ein. Das heißt, man schob eine viel zu kleine Scheibe mit den Zähnen solange vor sich her, daß auch der letzte Bissen noch nach Wurst schmeckte.

Das war insofern unsinnig, da ich bei meinem damaligen Lesetempo ohnehin Jahre gebraucht hätte, um alle Bücher zu schaffen. So kam ich tatsächlich über die ersten dreißig Bände nie wesentlich hinaus. Einige las ich allerdings gleich mehrmals. »Der Schut« und »Durch das Land der Skipetaren« hatten es mir besonders angetan.

Im Rückblick verwundert nicht, daß die Verwalter des Ersten Arbeiter- und Bauernstaates auf deutschem Boden mit Karl May und seinen Geschichten und Abenteuern zunächst nichts anzufangen wußten. Schließlich konnten sie mit keiner Phantasie etwas anfangen, verdächtigten diese selbst in der bescheidensten Variante der Subversion, sahen stets aufs Neue alle nie genau definierten Errungenschaften der Arbeiterklasse in Gefahr. Deshalb scheint es auch unter diesem Gesichtspunkt fast logisch, daß sich »Die Sklavenkarawane« der DDR »Im Tal des Todes« verlaufen hat, nachdem keinerlei Aussicht mehr bestand, einen weiteren »Schatz im Silbersee« zu entdecken. Möglicherweise hätte sich Karl May, »Der verlorene Sohn«, zusammen mit »Winnetou«, »Old Shatterhand« und »Trapper Geierschnabel« über das unrühmliche Ende der »Menschenjäger« gefreut. Aber das ist reine Spekulation und eine andere Geschichte.

Klaus Staeck, Heidelberg
Grafiker

***

Briketts

Wann ich das erste Buch von ihm gelesen habe? Ich war zehn Jahre alt. Mein älterer Bruder bekam vom Großvater zum Geburtstag und zu Weihnachten jeweils einen Band der »Brikett-Ausgabe« geschenkt. Obwohl ich ja »nur« ein Mädchen war, wollte ich auch an den Abenteuern teilnehmen, wollte einbezogen, vom Großvater gleich behandelt werden.

Ja, und dann war ich gefangen: kämpfte mit - litt mit - lachte mit - erlebte mit. Ich wollte auch nach der Harmonie streben, nicht kleinlich, dafür tolerant und schließlich siegreich sein. Ich vermischte Phantasie zu gern mit der Realität, suchte im Atlas die Orte der Abenteuer auf und verglich - in der Wüste, in der Prärie und in aller Welt. Das half auch im Erdkundeunterricht in der Schule: die Länder und Kontinente schienen mir doch bereits vertraut.

Später dann wollte ich wirklich wissen, wie es mit den Indianern so war: Mittelamerikanische Hochkulturen; Irokesenbund; amerikanische Pioniergeschichte ist für die Erwachsene schließlich zum Hobby geworden.

Und dabei wieder neu zu Karl May, dem zierlichen Mann, so gar kein »Held«, mit reichlicher Strafhafterfahrung, auf der Suche nach Vollkommenheit und Erlösung bis zum »Frieden auf Erden«. Welcher Widerspruch - welche Kraft - welche Persönlichkeit. Von einem bewundernswerten Humor begleitet ist die Flucht in das Phantastische, um die eigenen unerträglichen Unzulänglichkeiten zu ertragen.

Sicher - die Sicht dreißig Jahre später ist eine andere; es werden Vorurteile und Schwächen gesehen, die zur kritischen Vorsicht mahnen. Die Münchmeyer-Romane - kein Wunder, daß es die Prozesse gab, um ihr Erscheinen zu verhindern, nachdem Winnetou geschaffen und bewundert war.

Dennoch: mein Respekt, meine Achtung sowie aufrichtige Zuneigung und Dankbarkeit gelten dem Erzähler, der über farbige, humorvolle Abenteuer - entstanden in der grauen, tristen

Umgebung von Ernstthal und Radebeul - mein Interesse, Mitgefühl und Achtung gefördert hat für alles, was für mich »neu« und »anders« ist.

Heidemarie Schloms, Hannover
Richterin

***

Mein Bruder

Mein Bruder hatte einen Karl-May-Band, grünes Lederimitat mit Goldschrift und farbigem Bild auf dem Einband. Ich habe als Kind, sobald ich lesen konnte, zwei, drei, vier Bücher jede Woche gelesen, mit Vorliebe auch Abenteuergeschichten. Aber da mein Bruder einen Karl-May-Band hatte, konnte ich Karl May nicht lesen. Er hätte mir das Buch wohl geliehen, aber was meine Geschwister lasen, las ich nicht, es war gar nicht so wichtig, was ich las, Hauptsache nicht die gleichen Bücher wie meine Geschwister. Und ob sie sich aus der Bibliothek die gleichen holten oder nicht, das wußte ich nicht.

Die zweite Begegnung mit Karl May hatte nichts mit Karl May zu tun, sondern mit Winnetou und meiner besten Freundin. Sie hatte viele Winnetou-Bilder in ihrem Zimmer. Ich wußte erstmal gar nicht, wer das war, und sie wußte sogar, daß der Schauspieler Pierre Brice hieß, und fand ihn schön. Ich gab mir Mühe, weil sie meine beste Freundin war, aber ich fand ihn einfach nicht schön. Auch als ich den ersten Winnetou-Film sah, bei ihr, konnte ich mich überhaupt nicht für ihn begeistern. Und es ging ja nur um ihn, weniger um den Film und die Geschichte. Ich fand das alles ein bißchen langweilig.

Anja Tuckermann, Berlin
Autorin

***

Seufzer

Meine Mutter erzog mich überwiegend mit Seufzern. Oft drangen diese bis in die Wigwams und in Old Shatterhands Verhandlungen mit Indianerhäuptlingen ein, von denen er - und ich! - noch nicht wußten, ob sie Gutes oder Schlechtes im Sinn hatten; wir mußten uns also sehr konzentrieren; hinter uns knackten trockene Zweige, die unfehlbare Büchse hatten wir dummerweise außer Reichweite gelegt, um unsere friedliche Absicht zu bekunden; aber nun wurde es brenzlig - und die Seufzer bedeuteten: wenn ich nicht endlich losginge, würde das Brot ausverkauft sein - aber ob Winnetou rechtzeitig zu Hilfe kommen würde, war mehr als fraglich - wenn er sich anschlich, knackte nie ein Zweig! Dann wurden die Seufzer störend, daß ich das Buch zuklappte, mir Brotmarken und Geld geben ließ und zum Bäcker rannte. Auch den Rückweg legte ich rennend zurück, trotzdem verlor ich viel Zeit, denn der Laden war immer voll, und immer drängten sich noch Leute vor, die eigentlich erst nach mir dran waren. Es wäre aber unklug gewesen, gegen solche Ungerechtigkeit zu protestieren; kluge Krieger kämpfen nur, wenn sie des Erfolgs sicher sind.

Ingrid Ziesmer, Berlin

***

Karl May, Kim und ich

Karl May war mein Helfershelfer. Ich bin ihm sehr verpflichtet. Durch ihn hat mein Sohn Kim nämlich deutsch gelernt.

Kim ist Schwede. Er kam erst mit acht Jahren nach Hamburg. Wie alle anderen schwedischen Kinder hier besuchte er bis zum Gymnasium die schwedische Privatschule. Um ihm deutsch schmackhaft zu machen, schenkte ich ihm ein Karl-May-Buch nach dem anderen. Nach ein paar Jahren bogen sich die Borde unter Karl May. Kimmi war begeistert, las die abenteuerlichen

Geschichten immer wieder. Deutsch war für ihn kein Problem mehr. Zumindest nicht die Sprache.

Mich machten natürlich die Bücher von Karl May nicht heiß - aber sein Werdegang. Welch ein erstaunlicher Mann. Ich beneidete ihn um die Fähigkeit, all seine nicht erfüllbaren Wünsche und Träume in Gedanken auszuleben.

Und dadurch auch noch weltberühmt zu werden.

Peggy Parnass, Hamburg
Autorin und Journalistin

***

Entschuldigung

Karl May, ja das war mir schon früh ein Begriff, den ich immer mit Abenteuer und Unterhaltung verbunden habe, gelesen habe ich jedoch nichts von Karl May. Als Kind verbrachte ich oft Tage damit, Hörspielcassetten hörend, mich in die Welt des Herrn Winnetou entführen zu lassen.

Liebend gerne nahm ich auch das Angebot meiner Eltern an, länger aufbleiben zu dürfen, um Herrn Winnetou auch mal auf der Mattscheibe bewundern zu können. Ach ja, dann war da noch dieses eher tragische Erlebnis, als Zuschauer die Karl-May-Festspiele erleben zu müssen: obwohl ich damals noch sehr klein war, erinnere ich mich, es entsetzlich gefunden zu haben.

Tja, alles in allem muß ich sagen, hinterläßt Herr May bei mir keine tiefgreifenden Spuren. Ich bitte vielmals um Entschuldigung.

Patty Galore, Berlin
Musikerin

***

Erst liebte ich Karl May.
Dann liebte ich Karl Marx.
Heut liebe ich sie beide.
Denn sie haben beide Bücher geschrieben,
von denen andere nur träumen.

Scheißegal, Karl!

Anke Kuckuck, Berlin
Autorin und Journalistin

***

Mein Onkel Karl May

Tatsächlich hieß er Onkel Karl-Heinz und ehelichte die Schwester meines Vaters vor etwas 35 Jahren, was zur Folge hatte, daß er fortan teilnahmeberechtigt in Sachen Familientreffen war.

Führte uns alle dann so ein Familientreffen gelegentlich hinaus in Wald und Flur, pflegte Onkel Karl-Heinz Sätze zu sagen wie:

»Diese Gegend ist infolge der Bodenbeschaffenheit nicht ungeeignet für die Errichtung eines Armeeforts«, oder etwa, beim Picknick im Grünen gab er zu bedenken: »Wenn hier erstmal eine Horde von 100 Indianern vorübergaloppiert ist, kann man die Wiese höchstens noch zum Züchten von Runkelrüben verwenden.« Dieser Pessimismus war nicht etwa angeboren oder anerzogen, obwohl der junge Karl-Heinz von seiner Mutter oft mit auf den Friedhof geschleppt wurde, um die Initialen im Grabstein seiner Großmutter mit Salpetersäure vom Dreck zu befreien, nein, sein Pessimismus war angelesen. Onkel Karl-Heinz las meist in blauer Adidastrainingshose über weißem Feinrippunterhemd, und er las immer »Karl May«.

Deshalb hieß er bei uns Kindern auch »Onkel Karl May«, natürlich nur hinter vorgehaltener Hand.

Seine Geburtstage waren bei der Verwandtschaft besonders

beliebt, nicht nur weil er sein Feinrippunterhemd gegen ein baumwollenes, kariertes Oberhemd und die Trainingshose gegen eine bräunliche aus Breitcord austauschte, sondern weil es mächtige Sahnetorten gab und man sich bei der Auswahl der Geschenke keine große Mühe geben mußte. Man kaufte einfach ein Buch. Eins von Karl May. Selbst mein Großvater tat das, obwohl er der Meinung war, daß ein gesunder Mensch nicht liest.

Ein gesunder Mensch arbeitet, sieht fern, ißt, verdaut, pflanzt sich fort, aber er liest nicht.

Deshalb galt Onkel Karl May bei unserem Opa als verrückt. Bei mir übrigens auch, aber das bezog sich weniger auf das Lesen grundsätzlich, als vielmehr auf die Lektüre: Karl May, wie wir wissen.

Bis ich siebzehn war, kannte ich deren Inhalt zugegeben nur von Kinderspielen, bei denen sich mein Bruder, mit einem Kranz aus zusammengeklebten Hühnerfedern auf dem Kopf, als Winnetou auf unser dickes Haflingerpony setzte und seinen ebenso dicken, dazu lauthals schreienden Freund Ulli Hagemess an ein Tau gefesselt hinter sich herschleifte, und ich kannte Karl May natürlich aus Fernsehfilmen mit Pierre Brice.

Mit siebzehn aber griff ich einmal selbst zum Buch: »Der Schatz im Silbersee«, vor fünf Jahren als Geschenk von Onkel Karl-Heinz an meinen Bruder gegangen, weil der Onkel es doppelt hatte, war meine Wahl, denn es war noch verschweißt.

Neue Bücher faszinieren mich besonders stark, da ich mir einbilde, das zu Lesende hat noch nie vor mir jemals jemand zu Gesicht bekommen. Beim »Schatz im Silbersee« hingegen hoffte ich, daß den auch nie jemand nach mir noch zu Gesicht bekommen wird, wobei, ich gestehe freimütig, die letzten 150 Seiten auch meinem Auge bis heute verschlossen geblieben sind und bleiben werden. Zweifelsohne, Karl May ist ein Phänomen, wenn schon jemand wie Onkel Karl-Heinz 74 Bücher liest, aber manchmal frage ich mich, ob mein Opa nicht doch recht hatte: Zumindest fortpflanzen hätte er sich können, mein Onkel Karl-Heinz, denn was um Himmelswillen soll ich mit 74 Karl-May-

Büchern, wenn der Onkel einmal das Zeitliche gesegnet hat? fragt sich

Antje Tiemeyer, Berlin
Meine Lieblingsradiomoderatorin

***

Karl May & das Patriarchat

Auch ich war eine sehr große Liebhaberin von Karl Mays phantastischen und spannenden Abenteuerromanen; d.h. eigentlich müßte ich natürlich Liebh*aber* sagen, weil ich mich nur mit den männlichen Helden wie Winnetou, Old Shatterhand oder Kara Ben Nemsi identifiziert hatte und mich nicht einmal heute daran erinnere, ob außer Winnetous Schwester überhaupt Frauen in den Geschichten vorkamen. Vielleicht kenne ich auch Winnetous Schwester lediglich vom Filmplakat??

Apropos: in die Karl-May-Filme selbst bin ich nie gegangen - ich konnte doch meine Helden nicht durch die Gesichter von Lex Barker und Pierre Brice »verschandeln« lassen.

Durch Karl May erinnere ich mich auch an meine erste schwerwiegende Konfrontation mit dem Patriarchat - denn die schönen alten, für uns Kinder so wertvollen Karl-May-Bände meines Onkels bekamen selbstverständlich nur meine Brüder als Weihnachts- und Geburtstagsgeschenke!!

Imke Barnstedt, Berlin
Schauspielerin und Kabarettistin

P.S.: Hat Karl May, als er noch sehr klein war, nicht als einziger der Familie erkannt, daß die kranke Großmutter nicht tot, sondern nur bewegungsunfähig war, und sie dadurch gerettet? Diese Geschichte hat mich als junger Mensch noch mehr beeindruckt als Winnetous Abenteuer. Oder zumindest genauso langhaltig.

***

Hadschi Halefuma

Karl May habe ich nie gelesen. Meine Eltern hielten wohl nicht viel von ihm, und ich bekam »wertvolle« Indianerbücher zu lesen: »Blauvogel«, »Lederstrumpf«, »Die Söhne der großen Bärin«. Karl May hatte immer etwas irgendwie Geheimnisvolles und Anrüchiges für mich.

Unter den Kindern im Hof - wir lebten in einem Gemeindebau der Stadt Wien - wurden Bilder gehandelt, die eine Margarinefirma ihren Produkten beilegte. Pro Roman acht Bilder, glaube ich. Auf der Rückseite der Bilder war jeweils ein Absatz, der den entsprechenden Teil des Romans zusammenfaßte. Es gab auch Alben, in die man Bilder einkleben konnte, immer acht auf eine Doppelseite. Meine Mutter kaufte allerdings die falsche Margarine, die »Feine Thea«, anstatt »Senna« oder »Milla« (»Entschieden zufrieden mit Senna und Milla«). So bekam ich höchstens einmal gnadenhalber von anderen Buben irgendwelche »Doppelte« geschenkt, und ich bekam nie auch nur eine Geschichte vollständig zusammen. Daher hatte ich immer nur eine äußerst unklare und bruchstückhafte Vorstellung davon, was Winnetou, Old Shatterhand und der komische Kleine so erlebten. Es gab auch noch einen Bösen, der Silver hieß, wenn ich das nicht mit dem Schatz im Silbersee verwechsle.

Da half auch eine Hörspielplatte nicht, die ich zu einem Geburtstag von meiner weniger puristischen Tante bekam. Es war eine kleine 45er mit ungefähr 4 Minuten Spielzeit auf jeder Seite, auf der viel aufgeregtes Geschrei und Pferdegetrappel zu hören war. Und auch diese Platte war, glaube ich, die Nummer fünf in einer Serie von acht. Nicht viel weiter brachte mich auch ein Lied, das wir in der Jugendgruppe lernten (Es war die Pionierorganisation der Kommunistischen Partei Österreichs, die hieß »Junge Garde«). Das Lied ging so:

> Winnetou, Winnetou, Winnetou,
> wenn das Lagerfeuer rot erglüht,
> Winnetou, Winnetou, Winnetou,

singt der Trapper sein Savannen - Lied.
Winnetou, Winnetou, Winnetou,
leise hört es die Prärie und lauscht,
Winnetou, Winnetou, Winnetou,
und der alte Mississippi rauscht.

Winnetou, Winnetou, Winnetou,
oahoh, oahoh, oahoh.
Großer Häuptling, fahr mit den Wellen, ade!
Winnetou, Winnetou, Winnetou,
grüß mir meinen Schatz am Silbersee.

Das »Oahoh« am Lagerfeuer war doch recht romantisch. Trotz meiner generellen Unwissenheit in Sachen Karl May konnte ich den kompletten Namen Hadschi Halef Omars hersagen (der in Wien meistens Hadschi Halefuma ausgesprochen wurde). Irgendwie hatte sich dieser Sport verselbständigt und der Name sich unabhängig von der Geschichte, zu der er gehört, in die Folklore der Zungenbrecher und Wortspiele eingereiht.

Alles in allem hat für mich als Jugendlektüre Karl Marx eine viel größere Rolle gespielt als Karl May. Das war auch sehr romantisch.

Martin Auer, Wien
(Kinderbuch-)Autor, Musiker, Zauberkünstler

***

Mit Karl May auf dem Schott el Djerid

Natürlich habe auch ich in jungen Jahren die Bücher von Karl May verschlungen. Was nicht über den Buchclub ins Haus kam, besorgte ich mir aus der Dorfbibliothek. Als ich da durch war, verramschte glücklicherweise ein Billigkaufhaus in der Nachbarstadt schön gebundene May-Ausgaben für 1,95 DM.

Meine Schwester und ich, Fasnacht 1966 © Erich Gall

Die ersten Helden waren Winnetou und Old Shatterhand. Pierre Brice grinste als lebensgroßer Starschnitt von der Wand, und in unserem Dorfkino heulten wir um die Wette, als Nscho-tschi starb. Meine Freundinnen und ich hatten unseren Geheimbund mit Blut besiegelt und trafen uns an konspirativen Orten, sommers im Wald, winters auf vollgerümpelten Dachböden. Survivaltraining gab es bei den Pfadfinderinnen, Bogenschießen und Messerwerfen brachten wir uns selber bei. Mit der Schrotflinte meines Onkels schoß ich ab und zu auf Spatzen. Wir verfluchten das Leben in unserem Kaff und wünschten uns weit weg in die Prärie - als Indianer. Squaw kam nicht in Frage, wir wollten reiten, jagen, unseren Spaß haben und nicht umgeben von einer Schar von Kindern das Essen kochen.

Abenteuer und fremde Länder faszinierten mich. Ich wollte später einmal all die Orte sehen, über die ich gelesen hatte. 1983 erfüllte ich mir die Fata Morgana auf dem »Schott el Djerid« in Tunesien. Längst nicht so dramatisch wie zur Zeit Kara Ben Nemsis. Der Fahrer, den wir in der größten Mittagshitze in Kebili aus dem Teehaus holten, drohte uns keine 15 Stockschläge an, weil wir ihn in seinem »Kef« störten, sondern freute sich über die Dollars, mit denen wir die Überfahrt bezahlten. Er bretterte mit seinem Pick-up über den Schott, als gelte es einen neuen Geschwindigkeitsrekord aufzustellen. Der gerade aufgeschüttete Damm machte es möglich. Die alten Führer waren arbeitslos und die im Salzsee versunkenen Karawanen längst Legende...

Petra Gall, Berlin
Fotografin

***

Am Rio de la Plata

Habe ich mich mit Winnetou oder mit Old Shatterhand identifiziert? Zu meiner Schande, heute als Antikolonialist, muß ich gestehen: ja, mit dem Bleichgesicht!

War das nun Masochismus oder Wunsch, ein Held zu sein? Dazu habe ich, meiner späteren Erkenntnis nach, weder die Berufung, noch den Stoff dazu. Doch ich sah mich mit dem »weißen Mann« an den Marterpfahl gebunden, die Arme und Beine von Pfeilen durchbohrt, glühender Sonne ausgesetzt, mein Skalp in höchster Gefahr, abgehäutet zu werden. Natürlich war die Gewißheit dabei, mein Leben wird in letzter Minute gerettet, weil doch bekanntlich - in Büchern und bei Karl May bestimmt - das Gute immer siegt. Dann ist man tapfer gewesen und lebt trotzdem weiter. Meine späteren Erfahrungen, besonders in der NS-Zeit, sollten das Gegenteil belegen... die Anpasser überleben eher.

Erinnere ich mich recht - in sechs Jahrzehnten kann man ja

einiges vergessen oder verwechseln - so war das Schema dieser Abenteuerbücher (und nicht allein der von Karl May): die Weißen stehen stets zur guten Sache - oder wird etwa die Sache gut, weil die Weißen zu ihr stehen? frag ich mich heute - der Böse ist bei ihnen eine Ausnahme von der Regel. Umgekehrt, die Indianer - eigentlich logisch... die kennen ja nicht die Bibel! - sind blutdürstig, rachesüchtig, hinterlistig. Die Ausnahme bilden eben Winnetou und die Apachen. (Wie ich im »Duden« eben lese, weil ich nicht sicher war, wie »Apache« geschrieben wird, werden »besonders in Paris damit Gesindel, Straßenräuber und Zuhälter bezeichnet«.) Die haben nun alle guten Eigenschaften der »Wilden«, sind stark, mutig, edel und eben deshalb mit den guten Weißen, Deutschen (!) wie Old Shatterhand, verbündet. (Bei Howard Fasts »Die letzte Grenze« sieht es anders aus. Aber das las ich erst viel später). Aber so spannend war's, daß man, dem Gebot, zeitig schlafen zu gehen zum Trotz, unter der Bettdecke mit der Taschenlampe weiterlas.

Jahrzehnte später, als ich in meinem deutschen Exil Uruguay-Landeskunde unterrichtete, waren da elf Agronomiestudenten, die nach Uruguay zur Entwicklungshilfe gehen sollten. (In Uruguay wandern die Agronomen aus, weil die Großgrundbesitzer sie nicht brauchen können!) Die Studenten mußten ein Formular ausfüllen, was sie bereits über Uruguay wüßten. Und einer schrieb doch tatsächlich: »Am Rio de la Plata« von Karl May gelesen.

Ernesto Kroch, Montevideo
Autor

***

Karl May, seine Deutschen und meine Türken

Ich lebe seit über 20 Jahren in Deutschland und versuche, mir die deutsche Literatur einzulesen. Solche Bücher, die die Seele der heutigen Deutschen so genau beschreiben, habe ich weder bei

Goethe noch bei Heine noch bei der Sippe Mann gefunden. Die Bücher von diesen Herren und Damen mögen sprachlich anspruchsvoller sein als die von Karl May, aber für den Alltag in Deutschland sind sie unbrauchbar, weltfremd. Dagegen sind die Bücher von Karl May lebensnah und praktisch; besonders für die Ausländer, die die wahre deutsche Seele kennenlernen wollen. Die Bücher von Goethe erzählen von Dir und mir, also von den Menschen allgemein, die Bücher von Karl May beschreiben die Deutschen und ihre Träume. Die Bücher von Goethe, von Heine mögen gut sein zum Zitieren für einen Intellektuellen, dagegen sind die von Karl May Medikamente für die, die mit den deutschen Künstlern, Intellektuellen, Schriftstellern Probleme haben. Die Haltung der deutschen Helden von Karl May entspricht der Haltung von einem durchschnittlichen deutschen Intellektuellen heute: offen, liberal, engagiert, couragiert, gerecht, großzügig, belesen und kultiviert.

Heutzutage hat jeder anständige deutsche Intellektuelle seinen Winnetou im Leib eines Italieners oder eines Griechen, den er zu seiner Stammkneipe gemacht hat, oder er hat zumindest seinen Hadschi Halef im Leib eines türkischen Obsthändlers oder eines Kebab-Imbiß-Inhabers. Um einen Griechen zu seiner Stammkneipe zu machen, muß man eine gewisse Liberalität haben.

Ich habe persönlich ewig die Rolle von Hadschi Halef gespielt, über den Kara Ben Nemsi gesagt hat: »Mein Diener, der inzwischen auch mein Freund geworden ist.« Ich habe mich über jede freundliche Äußerung eines Deutschen zu meiner Person und auch über meine Arbeit gefreut. Als ein deutscher Schriftsteller mich in einer Gesellschaft lobte, indem er seine Frau von ihrem Gesprächspartner zerrte: »Komm, komm doch, ich will Dir einen Türken vorstellen, so was hast Du noch nie gehört. Das ist Herr Dikmen, ein Krankenpfleger, und er kommt aus der Türkei, und was ich Dir jetzt sagen werde, wird Dich umhauen, halte Dich fest, Herr Dikmen hat Franz Kafka schon in der Türkei gelesen, kannst Du Dir so was vorstellen, schon in der Türkei! Ein Türke, der Franz Kafka gelesen hat!« stolzierte ich im Saal herum, als hätte ich kleine Berge in Deutschland selber geschaffen. Ich habe allerdings meine Glaubwürdigkeit schnell verloren, weil ich zugab, daß ich auch Rilke, Heinrich Mann und Böll schon in der Türkei gelesen habe. Das war zuviel. Soviel konnte kein deutscher Schriftsteller vertragen.

Nachdem ich zwei Bücher, viele Essays, Artikel, Kabarett-texte für Literaturzeitschriften, Zeitungen und Sendungen geschrieben hatte, habe ich mich von Hadschi Halef zum Winnetou hochgearbeitet. Viele Türken sind immer noch nicht würdig, Hadschi Halefs der Deutschen zu werden. Ich gelte unter meinen deutschen Freunden als ein komischer Kauz, der ein bißchen exotisch, kompliziert und empfindlich ist, aber ihn zu haben keinem Schande bringen kann. Noch dazu ist es in den höheren Ebenen des deutschen Geistes schöner und modischer, einen eigenen Winnetou zu haben, als Knoblauch zu essen.

Wie oft wurde ich von einem Kollegen zum anderen vorgestellt: »Das ist Herr Dikmen, der seine satirischen Texte in Deutsch schreibt, und er spielt auch Kabarett, und das auch in Deutsch. Ist das nicht schön?« Das wurde auch von den anderen schön gefunden.

Im Jahre 1980 habe ich einen Text geschrieben. Diesen schickte ich an drei mir bekannte deutsche Autoren mit der Bitte, ob sie mir bei den grammatikalischen Fehlern behilflich sein könnten, insbesondere bei den verdammten Artikeln DER, DIE, DAS. Diese drei deutschen Autoren schrieben meinen Text total um und schickten ihn mir zurück mit der Aufforderung, daß ich den Text nur zu unterschreiben brauche, denn der Text sei fertig. Ich schrieb diesen drei Herren meinen Dank und teilte ihnen mit, daß ich den Text nicht so veröffentlichen darf, weil es nicht mehr mein Text ist. Daraufhin bekam ich von zwei der drei Herren einen Brief, daß sie meine Haltung unverschämt und undankbar fänden, denn der Text sei sprachlich und technisch besser geworden...

Stellen Sie sich einmal vor, ich schriebe jährlich einen einzigen Text, den ich an dreißig verschiedene deutsche Autoren schickte, die den Text für mich umschrieben, dann würde ich diesen Text unter meinem Namen veröffentlichen. Glauben Sie mir, ich habe bisher keinen literarischen Preis bekommen, aber dann wäre mir ein Preis sicher, denn ich hätte mir einige Juroren ausgesucht; so wäre ich Kara Ben Nemsi und die deutschen Autoren meine Hadschi Halefs, meine Diener, die inzwischen auch meine Freunde geworden wären. Vielleicht wissen die normalen deutschen Leser nicht, daß auch in der Literaturszene in Deutschland Old Shatterhand- und Kara Ben Nemsi-schaft herrschen. Mir ist nicht bekannt, daß irgendein ausländischer Autor vom Deutschen Literaturfonds ein Stipendium bekommen hat. Es ist auch nicht bekannt, daß unter den Juroren des Adalbert von Chamisso-Preises, der den deutschschreibenden ausländischen Autoren vergeben wird, ein Ausländer ist. Mir ist nicht bekannt, daß der bekannnteste Islamwissenschaftler der Deutschen arabisch oder persisch oder türkisch kann. Mir ist nicht bekannt, in welchen französischen Büchern Scholl-Latour seine Islamkenntnisse vertieft, denn er kann nur französisch; und bei seinem Gegenspieler Konzelmann wissen wir wenigstens, wo er sein fundiertes Islamwissen herholt: Er klaut von einem Islamwissenschaftler aus Hamburg. Wenn man die beiden Herren mit unserem seligen Herrn Karl May vergleicht, dann nehme ich meinen Hut vor Karl May ab. Er war anständig. Er hat immer wieder auch den Einheimischen das Gute zugesprochen. Winnetou war fast genauso anständig, edel und gerecht wie sein Freund Old Shatterhand, denn der Lehrer von Winnetou war ein Deutscher. Old Death, Sam Hawkens und Old Firehand waren alle Deutsche oder deutschsprachig. Wie ich. Ich spreche deutsch, ich schreibe deutsch, ich verstehe deutsch; ich bin deutschedel, ich bin deutschanständig, ich bin deutschgerecht. Ich bin fast wie ein Deutscher: geistig fit, körperlich vital, herrlich und begehrlich. Ich bin zwar äußerlich ein Muslim, innerlich schon lange Christ, wie Kara Ben Nemsi über seinen Diener Hadschi Halef mal gesagt hat, der inzwischen auch sein Freund geworden ist.

Natürlich denke ich immer noch nicht wie ein Deutscher: systematisch, analytisch und vor allem rationell. Aber glauben Sie mir, ich bin auf dem besten Wege, ich übe ständig.

Sinasi Dikmen, Ulm
Kabarettist und Autor

***

Märchen für Wach-Träumer

Auf die Jahre, während der mich Hugh Loftings »Doktor Dolittle und seine Tiere« faszinierten, folgte die »Karl-May-Zeit«. Ich weiß nicht mehr genau, wie lange sie währte, aber es waren mindestens fünf Jahre. Die wichtigsten Bände waren für mich »Der Schatz im Silbersee«, »Winnetou I. und II.« und »Die Sklavenkarawane«. Warum mir diese Bände besser gefallen haben als die anderen - ich muß insgesamt mindestens 20 gelesen haben - weiß ich nicht mehr, vielleicht waren es auch die ersten, die mir in die Hände fielen, und der erste Eindruck ist oft der stärkste.

Als ich etwa 16 war, begann ich mich für andere Lektüre zu interessieren und beging an meinem jüngeren Bruder das strafwürdige Verbrechen, die Karl-May-Bände zu verkaufen! Mit dem Erlös kaufte ich so schwerverständliche Sachen wie Spinoza und Kant. Die durfte ich auch am Tage lesen, während ich Karl May oft genug unter der Bettdecke mit Hilfe einer Taschenlampe in mich einzog, um dem elterlichen Schlafgebot äußerlich Genüge zu tun.

Während der Karl-May-Jahre war ich Pfadfinder (und später natürlich im Jungvolk, in das unser Pfadfinderbund »überführt« wurde). Mehr als die organisierten Streifzüge durch die Dresdner Heide, die ja nicht weit von Karl Mays langjährigem Wohnsitz liegt, faszinierte mich aber die Sächsische Schweiz. Dort, in der Nähe unseres Wochenendhauses, gab es »einsame Höhlen«, in denen ich mich als Old Shatterhand fühlen und die feigen Bleichgesichter im Tal gebührend verachten konnte.

Die psychologischen Verbindungen, die spätere Kritiker zwischen Karl Mays Büchern und der Naziideologie sehen wollten, habe ich nie ganz ernst nehmen können. Vielleicht hat die Verherrlichung der tapferen, selbstbeherrschten und stolzen Indianer bei manchen deutschen Lesern zu einer gewissen Feindseligkeit gegenüber »weißen Amerikanern« beigetragen, die aber schließlich als Hersteller des Henrystutzens ihre Verdienste für Karl-May-Leser gehabt haben müssen. Schon eher überzeugt mich der Gedanke, daß von Karl May eine geistige Brücke zur Ökologiebewegung führt und natürlich - nach rückwärts - zur deutschen Romantik und ihrer Zivilisationskritik.

Für viele Jungen meines Alters war Karl May sicher der erste Autor, den sie freiwillig, stundenlang mit größter Begeisterung gelesen haben. Manche fanden von da aus zur Lektüre überhaupt, andere mögen nie über den Karl-May-Lesehunger hinaus gelangt sein. Aber das ist nicht die Schuld des Autors und Vielschreibers aus Hohenstein-Ernstthal. Ernst Bloch, der zu den besonders treuen Karl-May-Lesern zählte, erinnert sich, als Student einmal gesagt zu haben: entweder Karl May oder Hegel - alles dazwischen ist wertlos. Später hat Ernst Bloch auch der unsterblichen Verfasserin sympathischer Kriminalromane, Agatha Christie, gehuldigt und sich bei seinem Besuch in Oxford diese Dame als Tischdame erbeten. Hätte Karl May noch gelebt, er würde kaum gezögert haben, ihn nach Leipzig einzuladen und vielleicht sogar ein Seminar mit ihm zu veranstalten. Karl May schreibt Bücher für Menschen, die sich nach einer »anderen Welt«, einer »Phantasiewelt« sehnen, die träumen möchten - mit offenen Augen - also letztlich auch für utopische Denker, wie Ernst Bloch einer war. In Gefahr geraten solche Denker erst dann, wenn sie die existierende Wirklichkeit - z.B. den angeblich »real existierenden Sozialismus« für einen Anfang dieser idealen, neuen Welt halten und ihn mit ihrer Phantasiewelt gleichsetzen. Aber das ist allemal nicht die Schuld des Autors. Wie

Märchen soll man die Erzählungen von Karl May lesen, sie ernst nehmend, sich an ihnen freuend, in ihnen lebend und mit ihnen fühlend, aber am Ende doch wieder nüchtern werdend, um die uns umgebende, komplexe Wirklichkeit so zu sehen wie sie ist. Edle Wilde sind dort ebenso selten wie heldenhafte Beschützer der Rothäute mit unfehlbaren Gewehren und wunderbaren Reittieren. So viel fällt mir an einem Weihnachtstag zu unserem gemeinsamen Freund ein, der gerade 150 Jahre alt wird.

Iring Fetscher, Frankfurt
Politologe und Autor

***

Karl May, die Märchenforschung und ich

Am Anfang war der Frust. Meine Mutter hatte nämlich das Gesetz erlassen, daß Karl May erst ab neun Jahren gelesen werden durfte. Meine Geschwister schwelgten in seinen Büchern, bloß ich war noch zu klein, und die Jahre von sieben bis neun können ja sooo lang sein! Und dann kam der Geburtstag - und noch immer kein Karl May! Ich habe nämlich im Sommer Geburtstag, und da zog die Familie mit Sack und Pack an die See, aber ich wäre doch nie auf die Idee gekommen, meine Mutter könnte vergessen, Sack und Pack auch Karl-May-Bücher zuzufügen! Wo sie doch damit rechnen mußte, daß ich an diesem historischen Tag aus dem Bett springen und »Karl May her!« schreien würde! Das ist natürlich alles schon lange her (aber unvergessen), und heute lese ich die historisch-kritische Ausgabe so gewissenhaft wie damals die grüne Bamberger (die wir für die einzig wahre hielten....) und freue mich über Old Shatterhands Cannabis-Konsum, Winnetous küßlichen Mund und Erkenntnisse wie:

Der Geschmack der Menschenkinder ist verschieden. Ein altes Wort sagt, der eine habe ihn vorn, der andere hinten. (Ich weiß wirklich nicht, warum das alles aus der Bamberger Ausgabe getilgt worden ist!). Mit dem durchs Volkskundestudium geschulten (eingeschränkten?) Blick sehe ich aber noch mehr. Karl May ist ein Märchenverfasser, und zwar ein echter, keiner von diesen Kunstmärchenheinis, die einzelne Motive aufgreifen und ansonsten von Tuten und Blasen keine Ahnung haben. Und das war er zu einem Zeitpunkt, wo die wissenschaftliche Märchenforschung noch in den Kinderschuhen steckte. Das Wissen, das Max Lüthi uns später in klugen und bahnbrechenden Büchern zur Märchenforschung erzählen sollte, hatte Karl May im Blut. Seine Gestalten sind, wie sich's für wahre Märchenhelden gehört, eindimensional. Der deutsche Held, sei er nun Old Shatterhand oder Schmied, ist immer gleich. Lex Barker könnte jeden davon mit den drei Ausdrücken seines holzgeschnitzten Antlitzes mit Bravour verkörpern (wenn ihn der Tod nicht gar zu früh aus unserer Mitte gerissen hätte!). Die Nebenfiguren pflegen sprachliche Eigenarten statt charakterlicher Unterschiede, denken wir nur an Sam Hawkens (»Wenn ich mich nicht irre, hihi«) oder an Thomas (der statt b immer p sagte) und Baldrian (»Das ist an dem«) aus der »Juweleninsel«. Perfekter Schachzug, die Nebenfiguren geraten dem Erzähler dadurch gleich einprägsamer als die Helden! Die Ereignisse sind beliebig wiederholbar, und wenn nicht gerade ein wichtiger Mensch darin zu Tode kommt, könnte ihre Reihenfolge ohne Beeinflussung des Endes beliebig geändert werden. Denn, wie alle echten Märchenhelden, lernen auch die von Karl May nix dazu. Immer wieder kommt Old Shatterhand in Gefahr, weil er sich nie daran erinnern kann, daß sein erster Eindruck immer richtig ist. Nein, jedesmal versichert er, es liege ihm fern, Leuten zu mißtrauen, bloß weil sie aussehen wie finstere Defraudanten. Selbst tiefste Gemütsaufwallungen hinterlassen keine Spur im Gemüte des echten Märchenhelden. Old Shatterhand spricht: *Das habe ich mir gedacht, denn eine unglückliche Liebe ist das größte, herzzerreißendste, überwältigendste Leiden, das ich kenne. Natürlich hatte ich von Liebe nicht die blasseste Ahnung.* Das sagte der Mann, über dessen tragischer Liebe zu Nscho-tschi wir erst vor wenigen hundert Seiten bittere

Tränen vergossen haben, der noch dazu unterwegs ist, um sich an ihrem feigen Mörder zu rächen! Perfekt! Und zum Glück gibt´s hier keinen Wilhelm Grimm, um die Märchenhelden nach seiner kleinbürgerlichen Fasson mit einem Schein von Individualität auszustatten!

Was mich grämt an der ganzen Sache, hat nicht mit Büchern und nichts mit Märchen zu tun, sondern mit der traurigen Tatsache, daß ich beruflich viel mit Skandinavien zu tun habe, und dort kennen sie Karl May einfach nicht. Selbst gestandene Germanisten gucken doof, wenn derselbe erwähnt wird, nie von gehört. Bloß Island bildet eine Ausnahme. Das isländische Volk liest ja ohnehin mehr als irgendein anderes. Und welches Haus ich dort auch betrat, wenn es dort überhaupt ein Buch gab, dann eins von Karl May. In dänischer Übersetzung. Und alle hielten ihn für einen dänischen Autor. Und wenn ich dann sagte: »Der kam aber aus Sachsen«, dann hielten sie das für einen besonders guten Witz und lachten sich scheckig über diese kuriose Behauptung.

Gabriele Haefs, Hamburg
Übersetzerin

***

Karl May & ich

Genau vor fünfzig Jahren war es, 1942 in der Klasse 4 der Volksschule am Voßberg, draußen über dem Hamburger Stadtpark lichtete sich der Nebel, und ich lernte meine erste moralische und politische Lektion. Lehrer Jacobs warnte vor den Gefahren für die geistige Gesundheit: »Lest mir den Karl May nicht, diesen Volksverderber und Gefängnisinsassen!« Und dann setzte er tückisch nach: »Wer von Euch hat etwa Karl-May-Bände noch Zuhaus?« - Ich, autoritätsgläubig, befleißigte mich, die erwartete Antwort noch zu übertreffen: »Ja, Herr Jacobs, bei uns sind sie, die Bände, stapelweise, aber ich lese sie nicht, zu langweilig.«

- Eine anpasserische Lüge, denn zu Hause hatten wir nichts, und gelesen hatte ich auch nichts, aber Vorbild für die Klasse wollte ich sein, und schon belohnte mich ein gütiger Lehrerblick. Aber dann geschah das Unerhörte: Widerworte. In der Klasse erhoben sich engagierte Stimmen für den Volksverderber und Kriminellen. Darunter die von denen, mit denen ich mich immer schon anfreunden wollte. Der Geist des Aufruhrs wehte durch das Klassenzimmer.

In der Pause wurde ich bedrängt. Zum erstenmal spürte ich Ablehnung, eisige; gleichzeitig wurde ich energisch aufgefordert, meinen angeblichen Stapel Karl May auf der Stelle auszuleihen oder gleich zu verschenken. - So kompliziert mit der Anpassung hatte ich mir das nicht vorgestellt. Denn natürlich wollte ich Freunde haben und behalten. Kurzum, ich begann Karl May zu lesen, das Verbotene zu genießen und mich bis zum heutigen Tag zu schämen, wenn ich an den Anpassungstag von 1942 denke. - Die Lektion habe ich dem zu verdanken, der mir die höchste Lese-Intensität schenkte. Alles habe ich versucht, mir diesen Genuß wieder zu verschaffen, ich trat sogar dem Arno-Schmidt-Dechiffriersyndikat bei, dreißig Jahre später, um mit dem großen Meister aus Bergfeld bang zu fragen, ob die Karl-May-Versuchung mit meiner Anal-Erotik etwas zu tun habe. Ich schrieb mir Karl-May-Zitate aus Schmidts »Zettels Traum« heraus:

'Himmelsgedanken' (Hymengedanken) Gedicht
1900 = Zettels Traum S. 1060 rechts oben;
'Der Mir von Dschinnistan' (Mir von
Fränzistan) 1907/8 = ZT 708 ro;
'Der Ölprinz' (ole Prints) 1877
= ZT 725 mm und vor allem
'Trapper Geierschnabel' (Tripper gEierSchnabl)
aus 'Waldröschen' 1882
= 513 ru, 929 rm, 1062 ru.

91mal wird Karl May in Zettels Traum zitiert, ich war inzwischen ein Intellektueller geworden, lauschte den Worten des Prof. Jörg Drews und dem Schmidtforscherkollegen Rechtsanwalt Kersten aus Hamburg und wußte es doch, tief im Bauch, daß ich wieder ein anpasserischer Verräter war, denn Karl May war viel zu schade für die intellektuelle Analyse, hatte ich nicht selbst einen heißen Kopf und ein brennendes Herz gehabt, damals, in der Zeit der Nazis, als ich den las, der gegen das Unrecht in der Welt kämpfte.

Wieder zwanzig Jahre später, also 1992 - für mich: fünfzig Jahre mit Karl May! - schenkte mir Björn (20) eine MC. Ich steckte sie in den Recorder meines sechsjährigen VW Polo und höre wieder und wieder und wieder, wie der »Prinzen« Gesang geht über Freundschaft und Verrat, das heißt über meinen Verrat von 1942 und über meine Freundschaft mit den Kämpfern für das Recht in der Welt. (Fast) a capella:

»Mein bester Freund, das ist nicht irgendwer,
mein bester Freund, das bist nicht etwa Du,
mein bester Freund ist Winnetou,
denn er kämpft immer gegen das Unrecht in der Welt,
denn er kämpft immer gegen das Unrecht in der Welt.«

Die Leipziger »Prinzen« stellen in ihrem moralisch-aufrichtigen Pop-Song Winnetou neben Robin Hood und Sherlock Holmes und engagieren sich in der letzten Strophe für das Vermächtnis der 3 Großen. Das ist, fünfzig Jahre nach 1942, für mich die zweite exemplarische, moralische und politische Lektion; die »Prinzen«:

»Doch leider sind die Freunde alle tot,
und das ist für mich sehr schwer,
leider sind die Freunde alle tot,
es waren meine Vorbilder.
Deshalb kämpf ich jetzt gegen das Unrecht in der Welt;
deshalb kämpf ich jetzt gegen das Unrecht in der Welt...«

Dietrich Kuhlbrodt, Hamburg

Erinnerungen an meine Karl-May-Rezeption

Wie ich wohl auf Karl May verfallen sein konnte, weiß ich nicht mehr. Eine Peer-Group, die Karl May las, hatte ich 1949 noch nicht, und als ich diese, wenig später, hatte, hatte ich das erste Bündel Karl-May-Bände auch schon gelesen. Am wahrscheinlichsten ist mir, daß ich von der Übung des Karl-May-Lesens aus einem anderen Jugendbuch, in der diese eine handlungsleitende Rolle spielte, erfahren hatte. Hierbei tippe ich auf ein Jugendbuch (Titel vergessen), das in Innsbruck spielte, und in dessen Zentrum ein psychogen gelähmter Bub stand, der den »ganzen Karl May« besaß. Aber das mag Rationalisierung sein - wie es denn schon bei jenem Buben um Kompensation seiner Bewegungseinschränkungen sich handelte.

Jedenfalls folgte mir daraus, daß ich, aus ärmeren Verhältnissen stammend, in den nächsten Jahren mir pro Anlaß 1-3 Karl-May-Bände schenken ließ, hierbei, ob ich wollte oder nicht, der Erscheinungsweise der österreichischen Neuherausgabe im Ueberreuter-Verlag folgend. Irgendwann nach dem zwanzigsten Band, etwa nach dem in China spielenden »blauroten Methusalem« war damit Schluß, und ich wandte mich anderen Interessen zu. Diese frühen Bände stehen noch heute in einem Schrank meines Ottahringer Kabinetts herum: ich werfe wenig weg und trage auch nichts eitel auf den Flohmarkt.

Lügen müßte ich, würde ich behaupten, daß Karl May mich nun überhaupt nicht beeindruckt hätte. Und es waren nicht die berühmten Landschaftsschilderungen, auf deren Hintergrund ich erst viel später hingewiesen war, und auch kaum die relativ umfangreiche, wie auch immer wohl angelesene Ethnographie - auch wenn mir davon wohl unbemerkt mehr geblieben ist, als ich wohl wahrhaben möchte (oft ertappe ich mich dabei, daß die umfangreiche Speisenfolge in einem Araberzelt noch heute gelegentlich aus dem Unbewußten hervorsteigt; einschließlich des Ich-Erzählers Kara Ben Nemsi Hinweis, er hätte den Braten nicht mehr essen können, und sei auch nicht dazu genötigt worden).

Sachbezogene Gedichtfragmente aus dieser Zeit veranschaulichen am besten, wie ich die Lektüre wahrnahm:

»Oh, Pueblo am Rio Pecos,
wo Intschu-Tschunas Wigwam hing!
Oh, goldverfluchter Nugget-Tsil,
wo schöner Tag dann unterging!«

»Wer hat nicht mit Halef, Omar,
Hamd el Amasat gejagt;
wer nicht mit Mohammed Emin
nach Amad el Ghandur gefragt;
wer nicht in des Balkan Schluchten
nach dem bösen Schut gesucht;
und wer hat nicht mit Osko schließlich
Barud el Amasat geflucht?«
(ca 1950)

In diesen Fragmenten kam nahezu ungeschminkt die Haltung von uns Zehn- bis Zwölfjährigen gegenüber Karl May, seinen in den Vordergrund tretenden Figuren (Marah Durimeh, die bei Arno Schmidt und in der neuen Karl-May-Forschung eine gewisse Rolle zu spielen scheint, trat beispielsweise so gut wie überhaupt nicht in unser Bewußtsein) und seiner Dramaturgie zum Ausdruck: edel, normativ überanstrengt, ethno-neoklassizistisch, kriminalistisch (denn der Karl May'sche »Abenteuerroman« ist, mit seinen endlosen Spurensuchen und Verfolgungsjagden, nicht viel anderes als ein Bündel permanenter Kriminalerzählungen in exotischem Setting).

Nicht anders, wenn es in den untersten Unterstufenklassen »Karl-May-Gruppen« gab: die Rolle des Old Shatterhand blieb selbstredend leer, Winnetou war der Peer-Group-Leader, ich selbst endlos auf die Rolle Dick Hammerdull festgelegt (zumal mit einem Pitt Holbers, mit dem ich mich nicht besonders vertrug) - nur einmal wurde ich, kurzfristig und folgenlos, zum Ko-

Tu-Cho »befördert« - und die edlen Reden von Freundschaft und Treue verschleierten nur die ständigen Kämpfe (auch gerade gegen mich). In diesen Zusammenhängen fiel es uns auch gar nicht auf, daß Frauen entweder überhaupt nicht oder in Episodenrollen (wie Halefs Hanneh) vorkamen - entsprach dies doch auf das Minutiöseste unserer eigenen Situation. Nicht zufällig scheinen die Romane Karl Mays auf die Bedürfnisse männlicher Jugend in der Latenzphase (vor Eintritt der Pubertät) zugeschnitten zu sein (über die Karl-May-Rezeption weiblicher Jugend sollen die Frauen schreiben): dies gilt sowohl für narzißtische Momente einer Identifikation mit als nahezu unbesiegbar dargestellten »Über«-menschen, wie auch für jene unauffällige Penetranz der Abwesenheit von Sexualität, die, wenn überhaupt, für latente Homosexualität zu stehen neigt (indes als solche keineswegs thematisiert werden darf - insofern war es für mich spannend, Jahrzehnte später in Arno Schmidts »Sitara« zu lesen, daß gerade die periodisch wiederkehrenden Naturschilderungen für die homosexuelle Metapher stehen sollen. Auf diese Idee wäre ich allerdings mit 12 nie gekommen...). Der kompensatorische Aspekt von Identifikation war indes auch schon zur Zeit der Rezeption unübersehbar: nichts war für Schüler der Unterstufe einer Mittelschule, überanstrengt, geschurigelt, angebrüllt, verlockender, als in Tagträume sich zu begeben, in welchen sie als Indianerhäuptlinge, Fallensteller oder Beduinen sich vorstellen konnten, im Phantasma einer Autonomie, die mit der Realität der betreffenden Ethnien bei weitem weniger zu tun hatte, als mit der Negation der konkreten bestehenden Wirklichkeit. Hierbei hatte (neben einigen Nebenrollendarstellern vom Typus James Fenimore Cooper) Karl May den Stoff, aus dem die Tagträume sind, uns geliefert.

Dabei kann ich nicht behaupten, daß die Idealisierung der gut-böse-Dichotomien mich besonders vom Hocker gerissen hätte (die Old Shatterhands, Winnetous, Kara Ben Nemsis, Old Firehands etc. einerseits, die Santers, die Amasats und Schuts andererseits) - gerade die Vielzahl der ambivalenten Figuren wirkte überzeugend, fast für jeden eine Rolle vorgesehen zu haben, hierin, wenn schon keinem großen, so doch einem mittleren Welttheater gleich. Mag dies Old Wabble sein, oder der Hobble-Frank, Amad el Ghandur oder selbst Sir David Lindsay, oder noch deutlichere Chargen: noch Jahrzehnte später, als ich in unsererem Kasseler Lesetheater den wahnsinnig spielenden »armen Thoms« Edgar in Shakespeares »König Lear« las, dachte ich an den Schriftsteller, der als identifikatorisch-wahnsinniger Schauspieler durch den Wilden Westen irrt. Zumal selbst für Aussprüche der Latenzphase die Dichotomien sich in ihr Gegenteil überzuschlagen tendierten: das Komantschen-Gemetzel in »Winnetou II« ließ sich nicht mehr ohne weiteres mit der Güte Old Shatterhands legitimieren, und narzißtisch kompensieren ließ sich damit auch nicht viel.

Als die Latenzphase vorbei war, war auch die Karl May-Lektüre vorbei. Der »blaurote Methusalem« gab auch den richtigen Übergang ab - das Kabarett mit dem biertrinkenden Hund war zwar recht hübsch, aber da gab es Besseres: Nestroy etwa, oder Qualtinger.

Erst Jahre später, 1981, lange nach der angedeuteten Arno Schmidt-Lektüre, gab es für meine Karl-May-Rezeption einen Rückfall. In jener Wohngemeinschaft, in der ich mein damaliges Forschungssemester verbrachte, stand »Im Reiche des silbernen Löwen«, Band 3, im Bücherregal - einer jener wenigen Bände, die für Arno Schmidt der Weltliteratur zugerechnet worden waren. Den Band las ich stilgerecht: im Bett, als Gute-Nacht-Lektüre, und ohne dabei einzuschlafen. Wiederum nahm ich ihn wahr: als edel, normativ überanstrengt, ethno-neoklassizistisch und kriminalistisch - das Organ für das Weltliterarische fehlte mir hingegen.

Rolf Schwendter, Wien

***

Von der Silberbüchse zur Verräterspalte

Mächtig wird rumgeschwult bei Karl May, unzertrennlich sind der lange Davy und der dicke Jemmy (die dicke Jenny?), Humply-Bill und Gunstick-Uncle, Hobble-Frank und Tante (Tunte?) Droll, Winnetou und Old Shatterhand sowieso.

Winnetou, mit blauschwarzem, helmartigem Haarschopf, dem edlen römischen Antlitz und dem bleichen Bronzehauch (Tagescreme?) auf den Wangenknochen, den Oberkörper frei und die Beine in strammen Leggings, gibt ein Klasseobjekt der Begierde ab für seinen Blutsbruder Shatterhand. Gefahr für die Liebe droht von Winnetous Schwester Nscho-tschi; die wird eben kurzerhand ausgelöscht, wie das allen geschieht, die in Karl Mays Universum stören, weil sie nicht deutsch - besser noch: sächsisch -, nicht christlich und nicht homophil sind, sondern eben Schurken und Halunken, die mit *Master Hanf* Bekanntschaft zu schließen haben. Oder es eben mit dem Henrystutzen derart besorgt kriegen, daß sie höchstens um Gnade betteln und winseln.

Shatterhand ist ein ekelhafter Patron, ein Besserwestmann und Klugschnacker, der alles und alles natürlich besser kann, vom *Knieschuß* fabuliert und davon, wie die Augen im Dunkeln phosphorisieren; einer, der am Knacken eines Ästchens nicht nur Rasse und Alter, sondern auch noch Haar- und Augenfarbe usw. des Anschleichers bestimmen kann, und der natürlich selbst ein Meister des Anschleichens ist, bevorzugt von hinten ran an den Mann geht, einer, der das Gras nicht nur wachsen hört, sondern mit jedem niedergetretenen Halm auf Duzfuß steht und sich nicht mal bedankt, wenn er aus Lebensgefahr gerettet wird, weil er sich selbst ja besser hätte retten können - ein Schulmeister, der die ganze Welt mit Deutsch-, Sachsen- und Christentum befruchtet und der auch im wildesten Westen seinem inneren wie äußeren Waschzwange frönt, nach drei Tagesritten noch peinlich sauber und rein ist, weil er stets ein Stück Seife dabei hat (nach dem er sich dann auch ganz prima bücken kann).

Viel ist lamentiert worden über die entsetzlich langatmigen

Landschaftsbeschreibungen, die Karl May noch dazu samt und sonders aus Magazinen wie »Geo« und »Merian« abgeschrieben habe; *diese verschissenen Landschaftsbeschreibungen*, stöhnten bereits 1973 Theo und Elke Sommer in der »Zeit«; gerade aber die Landschaftsbeschreibungen sind für Freunde des Verklemmten eine Fundgrube: Tief eingeschnittene Täler (in denen stets ein schmales Rinnsal entspringt), in die man aber nicht eindringen kann, weil der Zugang verwehrt ist durch dichtes Dornengestrüpp. Von Spalten wimmelt es, in die es gefährlich hinabgeht, und am Grunde lauert der Urschlamm, die Gefahr, die Niedrigkeit, die vom Weibe ausgeht, und wie schön dagegen sind die arschförmigen Landschaften, über die die Helden hinweggaloppieren auf Pferden mit natürlich Prachtärschen, und die sich bei Gefahr so dicht aneinanderdrängen wie ihre Herren.

Nein, gepriesen seien die Landschaftsbeschreibungen Karl Mays, gepriesen jedenfalls im Vergleich zu den endlos zähen, salbadernd-schwafligen, schwülstigen Dialogen, die er seine Helden sprechen läßt, umständlich, verquast und deutsch bis in die Knochen: *Ich freute mich, als ich vernahm, daß du Old Shatterhand seist, aber ich sehe doch, daß es schwer ist, der Freund eines Bleichgesichts zu sein.* Eines Arschgesichts wäre treffender gesagt gewesen, denn der weiße Bruder Scharlih = Old Shatterhand = Karl May erweist sich als echter Sozialdemokrat: Das Unrecht sehen und benennen und doch am Ende immer mit den Mächtigen paktieren, niemals die eigene Rasse oder Klasse verraten, zur Stange halten wider besseres Wissen und sich dabei gebärden als der Große Gerechte, der auf dem Schmiermittel Jesus Christus dem Paradies entgegenrutscht, das ist das Ideal Mays, der zwar immer wieder pazifistische Töne einflicht und die Ausrottung der Indianer auch irgendwie nicht so gut findet und ihnen zum Trost auf dem Sterbelager die christliche Taufe andient.

1992 würde Karl May *Ich bin ein Ausländer*-Anzeigen nicht nur unterschreiben, sondern selbst texten; er wäre dort zu Hause, wo der gute Wille den Verstand ersetzt. Der *Türke an sich ist bieder und ehrlich,* schrieb er in »Von Bagdad nach Stambul«.

Warum also liest man den Scheiß? Weil es so prima ist, an die 100 dicke Biechärr zur Auswahl zu haben, in denen in jedem eh dasselbe drinsteht? Weil Karl May, der in Westmannskluft durch Radebeul latschte, sich seine Kindheits- und Jugendträume erfüllt hat, wie man das heute nicht mal mehr als Terrorist kann? Weil man sich als Leser, der jetzt schon 24 Jahre dabeibleibt, in einer Gemeinschaft von Wahnsinnigen weiß, zu der z.B. auch der Karl-May-Herausgeber Hans Wollschläger, der Irre aus Bamberg, gehört, der eigentlich Hans Wüllenweber heißt, wie wir durch Eckard Henscheid wissen, und der von sich z.B. solches sagt, Helmut Kohl antizipierend: »...mir, der Leben und Arbeit in aller Gelassenheit darauf eingerichtet hat, ohne externen Beifall auszukommen...« (»In diesen geistfernen Zeiten«, Haffmans Verlag 1988) - obwohl man ihn doch als einen der allerverwegendsten Eitelköpfe des Landes kennt, mit weißem Schale und in Heldenpose? Oder weil auch HJ Syberberg Karl-May-Fan ist, wie auch Hitler einer war. Lübke, Arno Schmidt, Ernst Bloch, Bill Bo, Tom und Jerry, alle quasi?

Oder weil am Ende doch immer der Henrystutzen in die Silberbüchse getan wird, unweigerlich, oder, wenn es eine wüste Nacht werden soll, der Bärentöter? Weil die Weiber, Hand aufs Herz, ja doch nur nerven, wenn wir Kerls uns über Gott und Uns und Alles mal richtig besprechen wollen? Weil stramme Kugelärsche und hornige Herrenhände doch was anderes sind als »Frauen mit diesem Geschmadder da unten« (Max Goldt)? Weil keine Frau wird jemals wissen, wie schön das ist, wenn sich zwei Unrasierte küssen? Weil Anschleichen so astrein ist?

Ich weiß es nicht. Und wills auch gar nicht wissen. Ich weiß nur dies: Ein Schuß, ein Schrei - das war Karl May. Ein Schuß, fünf Tote - das war Kojote. Kojote war besser. Hat aber keine Bücher geschrieben.

Wiglaf Droste, Berlin
Autor und Journalist

...redet mit gespaltener Zunge

Jawohl, ich hasse Karl May. Obwohl ich ihn gar nicht kenne. Weil er ja bereits zerfallen unter der Erde liegt, der kleine Pseudoami, der miese. Meine ganze Pubertät lang hat er mich verfolgt. Angefangen von Ratschlägen wie: »...das mußt du lesen, das ist jetzt genau das richtige für dich...«, bis zu den vor Sehnsucht erstickten Worten unseres Stadtpfarrers: »...der Winnetou, der hat mich damals tief beeindruckt...«. Ich wollte nie haben, was richtig für mich war, und schon gar nicht die Orgasmen des Gemeindegeistlichen, der von Romantik wahrscheinlich so viel verstand wie seinerzeit Karlchen May vom transatlantischen Völkermord.

Wer ist Winnetou? - Pierre Brice? Zu meiner Zeit war er ja schon etwas abgestanden, der Gute. Ein Indianer als Werbefilmonkel oder umgekehrt, das Auge weit in die Ferne jugoslawischer Provinzen gerichtet? (...wie mir mein Vater gestand, waren sogar die Drehorte eine Lüge!) Und erst dieser Old Shatterhand. In Wirklichkeit war er nämlich Tarzan, und wer Tarzan ist, soll sich nicht verkleiden, um die Leute zu ärgern. Wer Tarzan ist, gehört in den Urwald und nicht auf ein Felsmassiv in der Nähe von Dubrovnik. Ich war enttäuscht und entsetzt und es wurde immer schlimmer; so wie man peu à peu über seinen unscheinbaren Nachbar erfährt, er habe 27 Knaben mißbraucht und zerstückelt all die ruhigen Jahre eine Tür weiter...

So erfuhr ich langsam immer mehr über diesen hemmungslosen Lügner May. - Singe ich etwa Epen über den australischen Busch und die Familienfehden seiner Ureinwohner?!

Karl-May-Fanatiker sind Opfer. Arme Kranke, hingerafft vom Rückstoß ihrer formgepreßten Lagerfeuerträume. Wenn ich was über Amerikaner erfahren will, begebe ich mich nach Oberammergau, nicht nach Leipzig, da beginnt schon der Mißgriff im gesamtdeutschen Primatenhirn. - Und überhaupt: Uschi Glas!! Uschi Glas hat mir den Rest gegeben. »Laß jucken, Kumpel«, bevor dich in der Gruft die Würmer fressen...

Die Glas'sche Fresse schrie ja geradezu nach Breitwand. Kein

Wunder, daß man dem Werbeonkel Brice ein Pferd verpaßte, damit er wenigstens in der Länge die Leinwand füllte. Und überhaupt, diese Fransen! Logischerweise hätte er schon in der ersten Folge im Gebüsch hängenbleiben müssen mit seinem Vogelscheuchen-Outfit, aber auf mich hört ja keiner. Kaum erschallten die ersten Sequenzen der Titelmusik, versteinert alles vor dem Bildschirm und jede menschliche Regung wurde mit einem »psscht!!« erstickt. - Zündet die Schlagerfeuer an, Genossen, der lederbehängte Franzose bereitet wieder die Wohnzimmerpampa, und mit erstarrter Fresse schleudert er uns die schicksaltriefenden Worte entgegen: »Bleichgesicht redet mit gespaltener Zunge!«

So verbrachte ich gewisse Schlüsselmomente meines seelischen Erwachens vor dem Klavier anstatt vor dem Fernseher und wurde zum Künstler. Ich kann dem alten Lederstrumpf nicht böse sein, doch hart war's schon die Zeit...

Aber laßt uns die Hände reichen und Frieden schließen, ich will nicht nachtragend sein; - solange man uns auf möglichst allen Kanälen und zu möglichst jeder Zeit mit den für meine seelische Ausgeglichenheit wichtigen Folgen von »Raumschiff Enterprise« versorgt.

Bessie Brühl, Luzern
Autorin und Musikerin

Ernst Volland, Berlin
Karikaturist

Literatur & Adressen

> »Sie sind sich überhaupt nicht klar darüber, daß sie vier der merkwürdigsten Bücher Deutscher Zunge zu betreuen haben; und daß in solchem Falle die Verpflichtung zur unversehrten Behütung des Erbes jede andere Rücksicht zu überwiegen hat«

schrieb Arno Schmidt 1956 nach einem Treffen mit dem Bamberger Karl-May-Verleger empört über die »Bearbeitungen« von Mays Alterswerk. »So lange im Karl-May-Verlag der Text als frei knetbare Masse betrachtet wird, so lange werden wir uns nicht verständigen können (die Äußerung Ihrer Frau Mutter: 'Mit den Büchern können wir doch machen, was wir wollen!' erhellte die Situation wie ein Blitz; sie faßte die ganze bei Ihnen herrschende Anschauungsweise in einer grausamen Kurzformel zusammen!). Es mag Ihnen unangebracht-lächerlich erscheinen, wenn sich Germanisten und Philologen um Kommata und Textvarianten balgen: ohne solchen lobenswürdigen Eifer jedoch könnten wir heute wahrscheinlich Schiller und Edgar Wallace nicht mehr auseinanderhalten. (Beide haben ja grundsätzlich Kriminalfälle behandelt.)«

Inzwischen liegt ein Großteil des Original-May, von Hans Wollschläger und Hermann Wiedenroth akribisch rekonstruiert, in einer wunderbaren, preisgünstigen (zehn Mark je Band) Taschenbuchausgabe bei Haffmans vor. Eine gebundene Bibliotheksausgabe (je Band 48 Mark) enthält zusätzlich einen umfangreichen historisch-kritischen Editionsbericht.

Ebenfalls zu empfehlen sind die erwähnten Titel des Verlages Neues Leben, die nur in gebundener Form erscheinen (inzwischen auch in akzeptabler Cover-, Papier- und Druckqualität), und zwar zum äußerst günstigen Preis von DM 13,80 je Band.

Aber auch im Karl-May-Verlag Bamberg liegen inzwischen etwa 50 May-Originaltexte als Reprintausgaben vor.

Haffmans Verlag, Hubenstr. 19, CH-8062 Zürich
Verlag Neues Leben, Rosenthaler Str. 36, O-1026 Berlin
Karl-May-Verlag, Karl-May-Str. 8, 8600 Bamberg

Kein anderer Autor steht seit zwanzig Jahren so im Zentrum literaturwissenschaftlicher Forschung wie Karl May - und alljährlich erscheinen zwei bis drei weitere, wissenschaftlichen Standards genügende Arbeiten. Und ich muß gestehen, mir ergeht es da wie vielen älteren May-Fans und -Forschern: Die Lektüre dieser Sekundärliteratur bewirkt bisweilen mindestens die gleiche Faszination wie die der Originalwerke des Maysters.

Um die Lesefreundlichkeit zu erhalten, den Anmerkungsapparat nicht nervend ausufern zu lassen, habe ich auf eine wissenschaftlich korrekte Kennzeichnung meiner Quellen weitgehend verzichtet. (Konkrete Nachfragen beantworte ich aber gerne; auch für Kritik und Anregungen für eine mögliche spätere Auflage bin ich dankbar: Klaus Farin, Fidicinstr. 3, W-1000 Berlin 61). Ich führe nur die mir persönlich wichtigsten, unentbehrlichsten und für May-Einsteiger zu empfehlenden Titel auf. Die große, Werk und Person, gesellschaftliches Umfeld und Rezeption allumfassende Monographie gibt es leider nicht.

Karl May: »Ich. Karl Mays Leben und Werk«
Karl-May-Verlag, Bamberg 1992 (38. Auflage)
Der als Band 34 in der »Gesammelte Werke«-Reihe erschienene Titel enthält vor allem Karl Mays Autobiographie »Mein Leben und Streben« von 1910 sowie mehrere Beiträge des May-Verlegers und »Bearbeiters« Euchar Albrecht Schmid. Obwohl mit der bearbeiteten Neuauflage diverse Fälschungen früherer Ausgaben verschwanden, so sind die gegebenen Fakten immer noch mit großer Vorsicht zu genießen. Denn May selbst unterliegt zahlreichen Selbsttäuschungen bezüglich seiner Kindheit, verschweigt bestimmte kritische Phasen und fügt andere Fiktionen

wohl aus taktischen Gründen hinzu. »Gramvoll-unanschaulich, voll verdächtigster, selbst hergestellter Lücken; allzuviele Einzelheiten sind unverkennbar absichtlich vergessen worden, verdrängt, verkapselt«, kommentierte Arno Schmidt. Dennoch liefert »Ich« zentrale Informationen zur Lebenswelt des Autors, und als psychologische Basis-Studie gegen den Strich gelesen ist es für Karl-May-Fans ohnehin unentbehrlich.

Hainer Plaul unternahm den Versuch, alle von May gemachten Angaben akribisch nachzurecherchieren. Das Ergebnis findet sich auf 250 Seiten im Anhang eines Faksimile-Reprints von »Mein Leben und Streben«, Georg Olms, Hildesheim 1975.

Gerhard Klußmeier/Hainer Plaul (Hrsg.):
»Karl May - Biographie in Dokumenten und Bildern«
Georg Olms, Hildesheim 1992.
Mehr als 700 Bild- und Textdokumente! Nach einem Abonnement der Haffmans-Bibliotheks-Ausgabe wohl das derzeit schönste Geschenk für einen Karl-May-Fan. Die Erstauflage erschien 1978 bei Olms, eine gekürzte Taschenbuchausgabe unter dem Titel »Karl May - Das bewegte Leben eines Außenseiters. Eine Bilddokumentation« 1992 bei Heyne, München.

Gert Ueding (Hrsg.): »Karl-May-Handbuch«
Alfred Kröner, Stuttgart 1987.
Die mit »nur« 751 Seiten umfassendste Bestandsaufnahme von Mays Gesamtwerk mit detaillierten Inhaltsangaben und Analysen zu allen Arbeiten Mays incl. Aufsätzen, Reden und Planskizzen sowie Zweitverwertungen in Film, Theater, Comics usw.

Hans Wollschläger:
»Karl May. Grundriß eines gebrochenen Lebens«
Diogenes, Zürich 1976.
Die »bahnbrechende und bis heute beste May-Biographie« (Roxin), erstmals 1965 als Rowohlt-Taschenbuch erschienen. Wollschläger, zeitweilig Lektor des Karl-May-Verlages, hatte die Ge-

legenheit, das Bamberger Archiv mit dem Nachlaß Karl Mays einzusehen.

1990 veröffentlichte der VEB Verlag der Kunst Dresden exclusiv für den Vertrieb in der DDR und den sozialistischen Ländern eine wesentlich erweiterte Ausgabe, in der sich vor allem Wollschlägers psychoanalytische Studien zu Mays Spätwerk aus den Jahrbüchern der Karl-May-Gesellschaft wiederfinden.

Helmut Schmiedt: »Karl May. Leben, Werk und Wirkung«
Athenäum, Frankfurt 1992 (3. Auflage)
Überarbeitete Fassung der '79er Dissertation des Bonner Literaturwissenschaftlers und designierten Vorsitzenden der Karl-May-Gesellschaft. Die Schwerpunkte liegen - neben der obligatorischen Biographie - auf den Themenkomplexen gesellschaftlicher und literarischer Background, Inhalts- und Formanalysen zu Mays Kolportage- und Abenteuerromanen (das Spätwerk klammert Schmiedt aus) und Rezeption. Im Gegensatz zu anderen May-Forschern unterliegt Schmiedt nie der Versuchung, die Widersprüchlichkeit Mays zu glätten oder Schattenseiten zu verdrängen.

Helmut Schmiedt (Hrsg.): »Karl May«
Suhrkamp Taschenbuch, Frankfurt 1983.
Der erste Versuch, »die Geschichte der May-Forschung im Überblick exemplarisch zu dokumentieren«. Mit »Wirkungszeugnissen« von Ernst Bloch, Klaus Mann und Peter Handke sowie Auszügen aus den grundlegenden May-Studien von Arno Schmidt, Hans Wollschläger, Claus Roxin u. a.

Harald Eggebrecht (Hrsg.): »Karl May, der sächsische Phantast, Studien zu Leben und Werk«
Fischer Taschenbuch, Frankfurt 1987
Ein weiterer Studienband mit bedeutenden Beiträgen aus interdisziplinärer Sicht.

Dieter Sudhoff / Hartmut Vollmer (Hrsg.): »Karl Mays 'Winnetou'. Studien zu einem Mythos«
Suhrkamp Taschenbuch, Frankfurt 1989
D. Sudhoff / H. Vollmer (Hrsg.): »Karl Mays Orientzyklus«
Igel, Paderborn 1991
Die beiden Bände beinhalten die relevanten Analysen zu Mays Amerika- bzw. Orientromanen. Während der Wilde Westen Mays offenbar schon weitreichend erschlossen wurde, liegen im geheimnisvollen Orient noch zahlreiche Fragen unbeantwortet da. »Bedauerlich«, stellen die Herausgeber zurecht fest, »denn gerade Mays osmanische Abenteuer haben angesichts der heutigen Konflikte im Nahen Osten trotz aller politischen Wandlungen weitaus weniger an Relevanz und Aktualität verloren als seine romantischen Ikonographien vom 'roten Gentleman', die schon zur Entstehungszeit als anachronistische Utopien wirkten.«

Christian Heermann: »Der Mann, der Old Shatterhand war. Eine Karl-May-Biographie«
Verlag der Nation, Berlin 1988.
In der Analyse gelegentlich ein wenig oberflächlich, liegt die besondere Stärke dieses populär geschriebenen Werkes in dem umfangreichen dokumentarischen Material zu Mays Lebensweg, das der Leipziger Autor vor allem in Sachsen zusammentrug.

Erich Loest: »Swallow, mein wackerer Mustang«
dtv, München 1992
Auf gründlicher Kenntnis beruhende Romanbiographie des Sachsen Erich Loest. Der bisher mit Abstand gelungenste Versuch einer literarischen Bearbeitung von Leben und Werk Karl Mays.

Jörg Kastner: »Das große Karl May Buch. Sein Leben - Seine Bücher - Die Filme« Bastei-Lübbe, Bergisch Gladbach 1992
Das Buch für Fans des »Filmgefummels, das nach Karl May sich nennt.«

Außerdem: die für jeden, der sich intensiver mit Karl May befassen will, unentbehrlichen »Jahrbücher«, »Mitteilungen«, »Nachrichten« und Dutzende von »Sonderheften« der Karl-May-Gesellschaft, eine der seltsamsten literarischen Gesellschaften überhaupt, mit inzwischen knapp 2.000 Mitgliedern auch eine der größten Europas. Da vereinen und streiten sich 16jährige Pierre Brice-Fanclub-Mitglieder mit Professoren über die Interpretation von May-Werken, Krimi-Autoren und Musiker treffen auf Staatsanwälte und Parlamentarier. Bei ihren Kongressen gehen einstündige Referate über »Karl May und der Symbolismus« bruchlos in Auktionen über, bei denen sich Hardcore-Fans um signierte Autogrammkarten streiten. Der 12. Kongreß der KMG tagt vom 14. bis 17. Oktober 1993 in Dresden. Der Mitgliederjahresbeitrag beträgt derzeit DM 45,-. Kostenlose Informationen verschickt gerne der Geschäftsführer der

Karl-May-Gesellschaft

Erwin Müller, Maximiliankorso 45, W-1000 Berlin 28.

Weitere Anschriften für Karl May-Fans

Berliner Karl-May-Freunde: Thomas Grafenberg, Am Irissee 14, W-1000 Berlin 47. **Hamburg:** Sabine Böhm, Hogenfelde 15, W-2000 Norderstedt 3. **Raum Hannover:** Jürgen Pelz, Goethestr. 7, W-3008 Garbsen 4. **Rheinische Karl-May-Freunde:** Walther Ilmer, Erfurtstr. 16, W-5300 Bonn 1. **Rhein-Neckar-Gebiet:** Karl Serden, Sternenweg 16, 7526 W-Ubstadt-Weiher 3. **Raum Nürnberg:** Franz Bauer, Egidienstr. 67, W-8520 Erlangen. **Cottbus:** Reinhard Seidler, Bodestr. 4, O-7500 Cottbus. **Radebeul:** U. Koppatz, Alte Str. 1, O-8046 Dresden. **Leipzig:** Jörg Michael Bönisch, Alte Salzstr. 125, O-7060 Leipzig. **Hoyerswerda:** André Köhler, Semmelweisstr.3, O-7700 Hoyerswerda.

Pierre-Brice-Club: Martina Schneider, Kniephofstr. 5, W-1000 Berlin 41. **Karl-May-Rundbrief:** Regina Arentz, Auelweg 10a, W-5330 Königswinter 41. **Karl-May-Museen:** Karl-May-Str. 4, O-9270 Hohenstein-Ernstthal; Karl-May-Str. 54, O-8122 Radebeul; Hainstr. 11, W-8600 Bamberg.

Karl-May-Rätsel

Besitzer des Henrystutzens		Sohn von Nowad Ben Arun Es Saleta	daraus rettet Karl May die Guten	Skibewegung ist KM-Helden fremd		Anton Donnerpfeil, von Keule getroffen	englische Lichtquelle beim Sultan	fehlt Hadschi Omar Ben Hadschi Abul Abbas Ibn Hadschi Dawud al Gossarah			Mann mit Silberbüchse
biederer deutscher Schmied in Scout						indianische Frau					
Tante mit komischem Hut am Silbersee						Quelle: Karl May Figurenlexikon		Eunuch b. Sklavenhändler Barischa			
dieser Ritter besaß Gnadegott									so fängt ein Bankier aus Lima an		
			Aufforderung an d. Hirsch To-Ok-Tey			zum Helden fehlt der Mann am Feld	Landjunker in der Juweleninsel	Farmbesitzer, der in Winnetou II lediglich erwähnt wird			
Sans-Ear fehlts im deutschen am Ohr		Freund v. Fritz Seidelmann im Ölprinzen								so ernähren sich die Diebe	
Rosarita Pena war dies von Sonora		Apatschenbote Endatseh						Himmelsrichtung			
					diebisch. Mane Kopfputz						
Riggs in WinnetouI war Whisky - ...		Ab-Wahgare, Chef der Capote-Utahs		Märchenwesen Ben Nemsi				kaputte Keule ... sich wer kann			
							Pferd Kara Ben Nemsis Schwur				Kürzel Karls, Sohn der Deutschen
Koch bei Machub Suleiman Effendi						lenke, ganz schön verwirrt					
verwässertes Kinn fehlt bei Nu-Woh		Osman Beis Berufung							der halbe Dieb		
			Gustav Brandt ist Vetter ...						Bill Newtons Anfang und Ende		
kosiger englischer Vater``				hintere Hälfte eines Kanus			Los der Prairie				Rätsel: P. Huth

Der Autor

Klaus Farin, geb. 1958 in Gelsenkirchen, lebt und arbeitet als Autor und freier Journalist in Berlin und Prag. Jüngste Buchveröffentlichung: »Rechtsruck. Rassismus im neuen Deutschland« (gemeinsam mit Eberhard Seidel-Pielen im Rotbuch Verlag, Berlin). Klaus Farin ist Mitglied im Schriftstellerverband VS und in der Karl-May-Gesellschaft.